TDA/H & TSA
Dans la même personne
2

Par Noelle MONGE

Septembre 2025

Depuis la parution de la première édition en juillet 2024, la recherche a continué de progresser. Par exemple, une revue systématique publiée en 2024 a montré que le TDA/H est présent chez environ 30 à 80 % des personnes autistes, ce qui en fait l'une des comorbidités les plus fréquentes. Une revue systématique, c'est une étude qui rassemble et analyse l'ensemble des recherches déjà publiées sur une question précise, en appliquant des critères rigoureux pour ne retenir que les travaux les plus fiables. Cela permet d'obtenir une vision d'ensemble plus solide qu'une seule étude isolée. Cette seconde édition intègre ces données récentes mais aussi vos nombreux retours sur la première version, afin de proposer un contenu à la fois plus précis, plus actuel et toujours nourri par mon expérience personnelle.

Vous trouverez le détail de ces études en page 164.

Mentions légales et avertissement

Je ne suis pas médecin, ni psychiatre, ni psychologue. Je suis simplement experte de mon propre vécu. Ce livre n'a pas pour but de donner des prescriptions médicales mais de partager ce que j'ai appris en vivant moi-même le TDA/H et l'autisme au quotidien. J'ai aussi pris appui sur des recherches scientifiques pour compléter mon expérience mais rien ici ne remplace une consultation auprès d'un professionnel de santé qualifié.

Si vous vous posez des questions sur votre propre situation ou si vous êtes dans la démarche de faire un diagnostic, je vous encourage à consulter des spécialistes. Mon témoignage peut éclairer et accompagner mais il ne peut pas se substituer à un avis médical.

Pour me contacter : monge.noelle@gmail.com

Pour en savoir plus sur mon combat et mes projets : atypiqueworld.com

Table des matières

Les autres comorbidités

La cohabitation

Quand les symptômes se brouillent, quelles pistes thérapeutiques ?

Les défis & les forces

Comment cela fonctionne ?

Les défis

Les forces

Les stratégies et les outils pratiques

La gestion du temps

Vie sociale & relations

Les aménagements scolaires et professionnels

Le droit à l'AAH

Les traits contradictoires Vs complémentaires

Les traits contradictoires

Les traits complémentaires

Mise à jour du 6 mai 2025 TDA/H et TSA, un seul trouble ou origines communes ?

Continuité phénotypique entre TDA/H et TSA L'hypothèse d'un continuum unique

Origines communes Les données génétiques récentes

Chevauchements et distinctions neurobiologiques (imagerie cérébrale)

Remerciements

Avant même de commencer ce livre, je veux remercier celles et ceux qui m'ont accompagnée dans ce cheminement.

Ma famille, qui supporte mes nuits blanches et mes obsessions de recherche avec patience.

Rémy, qui a relu, questionné et encouragé chaque étape de ce travail.

Ainsi que toutes les personnes autistes et TDA/H qui partagent leurs expériences et me rappellent que nos vies sont multiples, riches et dignes d'être racontées.

Merci aussi aux chercheuses et chercheurs dont les travaux nourrissent ces pages, et à vous qui tenez ce livre entre vos mains, preuve que la curiosité et l'envie de comprendre peuvent ouvrir bien des portes

Avertissements

Ce livre n'a pas été pensé pour la jeunesse, même si sa couverture pourrait laisser penser le contraire. Les thèmes que j'y aborde sont exigeants et concernent avant tout un public adulte, que ce soit des personnes directement concernées, des proches qui accompagnent, ou des lecteurs et lectrices qui souhaitent simplement mieux comprendre le TDA/H et l'autisme. J'ai choisi cette couverture parce qu'elle me ressemble. J'ai toujours eu ce rapport particulier aux images, aux dessins animés et aux illustrations, qui m'aident à poser mes idées et à rendre le monde plus lisible. Pour moi, ce langage visuel est une manière rassurante et naturelle de donner forme à ce qui, autrement, resterait flou ou difficile à transmettre.

Vous constaterez aussi que la plupart des références que je cite sont en anglais. Ce n'est pas un effet de style, c'est la réalité actuelle de la recherche. Les travaux solides et détaillés sur ces sujets viennent surtout de l'étranger. En France, on manque encore de publications approfondies et accessibles. J'ai donc choisi de m'appuyer sur les sources qui me semblaient les plus fiables et les plus utiles, même si elles ne sont pas francophones.

Dans ces pages, je parle du TDA/H, de l'autisme et de ce que cela signifie quand les deux se croisent dans une même vie. Ce n'est pas un manuel médical, encore moins un outil de diagnostic. C'est un partage de connaissances mais aussi une manière de vulgariser des réalités qui restent souvent mal comprises.

Merci de prendre le temps de lire ce livre. Merci aussi d'y entrer avec curiosité et avec ouverture.

Petite note supplémentaire :

On me reproche parfois que les références que je cite soient presque toutes en anglais. Cela reflète la réalité du monde scientifique. La recherche sur le TDA/H et le TSA est dominée par des équipes nord-américaines, britanniques et plus largement internationales, qui publient dans les grandes revues en anglais. Les études françaises existent mais elles restent moins nombreuses.

Pour garantir la fiabilité de ce livre, j'ai donc choisi de m'appuyer sur les travaux les plus solides et les plus reconnus même si cela implique de citer majoritairement des publications anglophones. Cela ne veut pas dire que je néglige la recherche francophone mais simplement que pour avoir une vision complète et actuelle, il est indispensable d'aller puiser là où la majorité des données est produite.

Introduction

Si vous tenez ce livre entre vos mains, c'est probablement que le TDA/H, l'autisme, ou les deux, font partie de votre vie d'une manière ou d'une autre. Peut-être parce que vous êtes concerné directement, peut-être parce qu'un proche l'est. Moi aussi je suis concernée et c'est pour ça que ce livre existe.

Quand j'ai publié la première version de ce livre, je ne m'attendais pas à l'avalanche de messages que j'allais recevoir. Des témoignages de personnes qui se sont reconnues dans mes mots, des critiques constructives, des questions parfois très précises. J'ai tout lu. Et j'ai entendu vos retours.

Cette nouvelle édition est née de là. De vos remarques mais aussi des dernières avancées scientifiques parce que la recherche a beaucoup évolué ces dernières années. J'ai voulu que ce livre reste vivant, qu'il colle à la réalité d'aujourd'hui, et qu'il soit à la fois un miroir de nos vécus et un condensé de ce que la science sait vraiment sur le TDA/H et l'autisme.

Vous allez le constater rapidement, ce livre a deux voix. Il y a celle du vécu, directe, personnelle, parfois brute, parce que je ne sais pas raconter autrement que par mon expérience. Et il y a l'autre voix, plus académique, presque technique, car mon cerveau fonctionne ainsi, comme des fiches, des dossiers, des synthèses. C'est parfois un vrai effort pour moi de transformer ces données en récit mais j'ai voulu jouer le jeu, pour que ce livre soit à la fois un témoignage incarné et une ressource solide à laquelle vous puissiez vous référer.

J'espère que ce mélange trouvera écho chez vous. Peut-être que certains chapitres vous sembleront trop théoriques, peut-être que d'autres vous toucheront plus intimement. Les deux cohabitent, comme en moi cohabitent le besoin d'expliquer et celui de partager. Si ce livre peut vous apporter des clés, des pistes, ou simplement le sentiment de ne pas être seul face à ces réalités, alors il aura rempli son rôle.

TDA/H et TSA
c'est quoi ce bazar ?

Avant d'entrer dans les détails, plus loin dans ce livre, ce chapitre a pour rôle de vous introduire rapidement et sobrement à ce qu'on désigne par TDA/H et TSA afin de vous préparer à suivre le fil de tout ce qui sera développé ensuite.

Le TDA/H

Le TDA/H se manifeste par trois grands ensembles de symptômes : **l'inattention, l'hyperactivité et l'impulsivité**. Ces traits peuvent peser dans des contextes très structurés comme l'école, le travail ou certaines relations sociales. On remarque souvent des difficultés à maintenir son attention sur une tâche, à suivre une série d'instructions ou à rester immobile trop longtemps. Pourtant, la réalité est plus nuancée. Lorsqu'une personne présente aussi des caractéristiques autistiques, ces manifestations peuvent se combiner et brouiller les cartes. Par exemple, il arrive qu'un intérêt très spécifique, typique du TSA, favorise une concentration intense et fasse paraître moins visibles certains aspects du TDA/H.

Les spécialistes distinguent trois profils principaux de TDA/H issus des trois grands ensembles de symptômes qu'on a évoqués juste avant. Le premier met surtout en avant des difficultés liées à l'attention avec une tendance à se disperser, à commettre des erreurs d'étourderie et à peiner à organiser ses tâches. Le deuxième est davantage marqué par l'hyperactivité et l'impulsivité, avec une agitation motrice qui rend difficile le fait de rester assis et une tendance à agir sans réfléchir. Enfin, le troisième, qui est aussi le plus fréquent, combine les deux ensembles de symptômes. Les personnes concernées présentent à la fois une inattention importante et une hyperactivité notable ce qui rend leur quotidien particulièrement complexe à gérer.

J'ai appris lors d'une formation organisée par l'association TDA/H France que la bonne manière d'écrire ce trouble est bien TDA/H, parce qu'il s'agit du Trouble du déficit de l'attention avec ou sans hyperactivité. Cette précision est importante. Elle rappelle que l'hyperactivité n'est pas obligatoire pour recevoir ce diagnostic et que TDA et TDA/H ne sont pas deux troubles séparés.

Au fil de mes expériences et de mes rencontres, j'ai pourtant fini par me faire une conviction personnelle. L'hyperactivité n'est pas toujours visible dans les gestes ou dans le corps. Chez certaines personnes, plus souvent chez les femmes, elle prend la forme d'une agitation intérieure permanente. Les pensées s'enchaînent sans pause, l'esprit reste en mouvement même quand le corps paraît immobile. Pour moi, ce « H » ne se limite donc pas à l'image de l'enfant qui grimpe aux murs. Il existe aussi dans cette hyperactivité mentale qui fatigue autant, sinon plus, que l'agitation physique.

Plusieurs spécialistes partagent cette vision, comme la psychiatre française Dominique Servant qui décrit l'hyperactivité cognitive dans ses travaux sur l'anxiété et les troubles de l'attention, ou encore la psychologue Ariane Hébert au Québec qui insiste sur l'agitation mentale comme forme d'hyperactivité souvent négligée. La psychiatre américaine Kathleen Nadeau, pionnière dans l'étude du TDA/H au féminin explique, elle aussi, que l'hyperactivité peut être largement interne et que c'est une des raisons principales pour lesquelles le diagnostic passe à côté de nombreuses femmes.

Le TSA

Le Trouble du Spectre de l'Autisme qu'on abrège souvent par TSA, ne se laisse pas enfermer dans une seule définition. On parle de « spectre » justement parce que les profils sont multiples et qu'aucun ne ressemble parfaitement à un autre. Ce qui revient le plus souvent dans la littérature scientifique, ce sont les différences dans la communication et dans la manière d'interagir avec les autres, ainsi qu'un fonctionnement particulier face aux stimulations sensorielles ou aux habitudes du quotidien.

Mais réduire l'autisme à une liste de critères ne rend pas justice à la réalité vécue. J'ai rencontré des personnes autistes pour qui les sons, les odeurs ou les lumières sont vécus comme des tempêtes, d'autres pour qui ce sont plutôt les interactions sociales qui représentent un effort constant, et d'autres encore qui trouvent leur équilibre dans des routines très précises. Certains parlent peu, d'autres beaucoup, certains masquent tellement bien qu'ils semblent passer inaperçus, jusqu'au jour où l'épuisement les rattrape.

Il faut aussi rappeler que la vision de l'autisme a beaucoup évolué. Longtemps réduit à une caricature du « génie déconnecté du monde », il est aujourd'hui reconnu comme un mode de fonctionnement neurodéveloppemental qui peut être à la fois source de difficultés et de forces. Des chercheuses comme Lorna Wing qui a introduit la notion de spectre, ou plus récemment Camilla Pang, scientifique et autrice, ont contribué à faire entendre cette diversité de profils. Et en France, des cliniciens comme Laurent Mottron, même s'il travaille surtout au Québec, sont régulièrement cités pour leur approche qui met l'accent sur les compétences autant que sur les difficultés.

Le TSA ne s'exprime donc jamais de manière identique d'une personne à l'autre. C'est cette singularité qui rend la compréhension complexe mais aussi essentielle, parce qu'elle oblige à dépasser stéréotypes pour regarder la personne dans son ensemble.

Pour moi, le quotidien est surtout marqué par les bruits. Ce n'est pas une simple gêne mais une véritable alarme interne. Un son soudain, une porte qui claque, une sirène au loin ou même une voix trop forte peuvent déclencher en moi une panique immédiate. Ce n'est pas quelque chose que je contrôle. Mon corps réagit avant que ma raison ait le temps d'intervenir, et je me retrouve avec le cœur qui s'emballe, les muscles tendus, comme si un danger invisible s'abattait sur moi.

La lumière me fait le même effet. Les néons des magasins ou certaines lampes agressives sont pour moi une attaque directe. Mes yeux pleurent sans cesse, ma rétine proteste, et je n'ai d'autre choix que de supporter en silence ou de fuir l'endroit. Ce ne sont pas de petits désagréments, ce sont des agressions sensorielles qui transforment un environnement banal en champ de bataille.

À cela s'ajoutent les interactions sociales qui sont pour moi un calvaire permanent. Dès que je dois parler avec quelqu'un en dehors de mon cercle proche, c'est l'alerte rouge dans ma tête. Une voix intérieure répète sans cesse : « je dis quoi ? comment je réponds ? » Et plus j'essaie de réfléchir, plus les mots disparaissent. Je me sens bien plus capable à l'écrit qu'à l'oral. Quand je dois parler, mon cerveau se vide et je me retrouve incapable d'aligner une phrase cohérente. Ce silence soudain me fait passer pour quelqu'un de stupide alors qu'en réalité mon esprit bouillonne.

C'est dans le monde du travail que cette contradiction est devenue la plus douloureuse. Mes lettres de motivation frappaient fort, elles montraient mon sérieux, ma réflexion, mon énergie. Mais une fois assise face à un recruteur, tout s'effondrait. L'entretien devenait une épreuve insurmontable. Les personnes en face de moi devaient se demander si j'étais bien la même que celle qui avait écrit ce CV et cette lettre. Ce décalage m'a profondément dévalorisée. J'avais le sentiment d'être trahie par ma propre voix, comme si elle me retirait toute crédibilité.

À force de vivre ces échecs répétés, j'ai fini par comprendre qu'il me fallait trouver une autre voie. À quarante ans, j'ai pris une décision radicale mais libératrice de travailler seule, à mon rythme, dans mon univers, sans avoir à me plier à des codes sociaux qui m'épuisent et m'humilient. C'était à la fois un choix par défaut et une affirmation de moi-même.

Et finalement, cela correspond parfaitement à ce besoin de contrôle permanent qui m'habite. Quand je gère mon environnement, mes horaires et mes méthodes, je me sens enfin capable de donner le meilleur de moi, sans avoir à subir en permanence les imprévus et l'incompréhension du monde extérieur. Ce que les autres trouvent « bizarre » dans ma façon de faire est en réalité mon moteur. J'ai appris à avancer avec mes propres outils, mes propres méthodes, même si elles sortent du cadre attendu. Et ce qui me soulage le plus dans mon choix de travailler seule, c'est de ne plus avoir à me justifier sans cesse. Quand je ne comprends pas une explication abstraite, ce n'est pas par manque d'intelligence, c'est parce que mon cerveau ne fonctionne pas ainsi. Un simple schéma visuel aurait souvent suffi à débloquer le schmilblick, là où des phrases compliquées m'enfermaient dans l'incompréhension. Travailler selon mes propres règles, c'est me donner la possibilité d'utiliser ce qui fonctionne pour moi, sans avoir à m'excuser d'être différente.

La coexistence

Quand le TDA/H et le TSA cohabitent chez une même personne, les choses se compliquent énormément. Le diagnostic devient plus difficile, parce que les signes de l'un peuvent se confondre avec ceux de l'autre. Ce qui ressemble à de l'inattention peut en réalité être une conséquence d'intérêts restreints très intenses, et ce qui semble être de l'hyperactivité peut cacher des comportements répétitifs typiques de l'autisme.

Par exemple, une personne qui vit avec un TDA/H peut se déconcentrer rapidement et passer d'une activité à une autre sans parvenir à rester fixée sur une tâche. Mais si cette même personne est aussi autiste, elle peut aussi connaître des moments de concentration extrême sur un sujet qui la passionne, au point de donner l'impression qu'elle n'a aucun problème d'attention. Cette capacité à rester absorbée par un centre d'intérêt masque alors les difficultés qu'elle rencontre dans les autres domaines.

L'hyperactivité du TDA/H peut aussi se confondre avec les comportements répétitifs de l'autisme. Un enfant qui se balance, qui agite ses mains ou qui manipule sans cesse des objets peut être vu comme hyperactif, alors que ces gestes font partie de son TSA. À l'inverse, une personne qui suit des routines très strictes, comme c'est souvent le cas dans l'autisme, peut sembler parfaitement organisée et rigoureuse. En réalité, ces habitudes rigides masquent parfois des moments d'impulsivité propres au TDA/H, qui surgissent dès que la routine est brisée.

Les difficultés de communication viennent encore brouiller la lecture. Les personnes autistes ont souvent du mal à décrypter les sous-entendus, à maintenir une conversation ou à lire les signaux sociaux. Cela peut facilement être interprété comme de l'inattention, comme si elles n'écoutaient pas ou ne s'intéressaient pas à la discussion, alors que c'est leur TSA qui est en jeu, et non un manque de concentration lié au TDA/H.

Pour rendre cela plus concret, je peux parler de mon propre cas. Petite, je me balançais souvent pour apaiser ma tension intérieure. Mais les remarques désobligeantes de ma mère m'ont poussée à abandonner ce geste. J'ai dû inventer d'autres stratégies, plus discrètes, qui m'accompagnent encore aujourd'hui. Il m'arrive de frotter ma langue contre mes dents de devant, de marcher avec la sensation que je ne pourrai jamais m'arrêter, ou encore d'entrelacer mes doigts et de frotter mes mains l'une contre l'autre pour canaliser mon agitation. De l'extérieur, cela peut sembler anodin, comme de simples manies, mais pour moi ce sont des moyens essentiels de réguler un trop-plein sensoriel et émotionnel.

Je peux aussi me plonger dans des centres d'intérêt très précis avec une intensité qui surprend. Je peux y consacrer des heures entières, totalement absorbée, au point d'oublier de manger, de boire ou même de dormir. Cette hyperconcentration donne parfois l'illusion que je n'ai aucun problème d'attention, alors qu'en réalité elle ne fonctionne que sur mes sujets de prédilection. Dès qu'il s'agit d'autre chose, l'inattention revient de plein fouet. Et cette focalisation extrême n'est pas sans conséquences parce qu'en période de forte attention, ma santé en pâtit, mon corps s'épuise.

Il y a un écart entre ce vécu et la manière dont certains coachs ou experts du développement personnel parlent du « flow ». Pour eux, c'est un état recherché, une sorte de graal de la productivité et de la créativité. Ils en font un objectif à atteindre, une preuve d'efficacité et de réussite. Mais pour moi, ce n'est pas un choix, ni un état idyllique dans lequel je décide d'entrer pour être plus performante. C'est une bascule que je ne maîtrise pas et qui peut m'engloutir complètement.

L'exemple le plus flagrant, c'est ce livre lui-même. J'ai passé des jours et des nuits entières à chercher, à lire, à comparer des études, à écrire et réécrire, tellement absorbée que j'en ai oublié de manger et de dormir. Mon entourage me voyait m'épuiser mais je n'arrivais pas à lâcher prise. Dans la première version, certains ont critiqué en affirmant que « c'était écrit par une IA », comme si cela suffisait à balayer tout mon travail. Ce reproche m'a blessée, car je ne suis pas écrivaine de formation, mais ce que je raconte ici vient de mon vécu, de mes recherches, de mon besoin de comprendre et des heures passées sans manger. Oui, j'ai utilisé l'IA pour m'aider à alléger certaines formulations et à clarifier la structure, jamais pour remplacer le fond. Ce fond, c'est moi, mon expérience et mon parcours. Alors j'espère que cette seconde version sera accueillie avec un peu plus de respect. Parce qu'au fond, si certains s'attachent plus à la forme qu'au contenu, ils passent à côté de l'essentiel.

Bref, revenons à nos moutons. Le diagnostic reste un véritable casse-tête. Distinguer ce qui relève du TDA/H et ce qui relève du TSA demande une attention méticuleuse et l'œil de professionnels expérimentés. Sans cette précision, il est facile de passer à côté d'un des deux troubles et de proposer un accompagnement qui ne correspond pas à la réalité vécue. Cette double présence pèse lourdement sur la vie de tous les jours. L'école devient plus difficile à suivre, les relations sociales s'usent plus vite et le monde du travail se transforme en obstacle permanent. Vivre avec un TDA/H et un TSA en même temps entraîne une fatigue psychologique immense, nourrit l'anxiété et ouvre la porte à la dépression.

Les proches vivent eux aussi ces répercussions. Ils doivent soutenir sans relâche, gérer les crises, adapter l'environnement, répéter les explications encore et encore. Tout cela épuise et finit par user les forces. C'est pour cette raison que les groupes de parents, les associations et les formations sont si précieux. Ils ne donnent pas seulement des outils, ils permettent aussi de rompre l'isolement, de trouver des oreilles attentives et de tenir un peu plus longtemps dans ce marathon quotidien.

Comprendre
le TDA/H et le TSA

Maintenant que je vous ai introduit au sujet du livre, je vais vous expliquer le TDA/H et le TSA chacun de leur côté, parce que pour bien comprendre ce que ça donne quand les deux s'entremêlent, il faut déjà savoir clairement ce qu'ils recouvrent individuellement.

1. TDA/H - Définition et symptômes

On résume souvent le TDA/H en trois mots :

1. Inattention,
2. Hyperactivité
3. Impulsivité.

Derrière cette simplicité apparente se cache pourtant une réalité beaucoup plus nuancée.

On estime qu'il touche environ 5 à 7 % des enfants dans le monde. Chez l'adulte, il persiste tel quel dans environ 60% des cas. Pour les autres, il ne disparaît pas vraiment. Les symptômes changent, s'atténuent parfois en surface, mais ils sont toujours là, dissimulés derrière des stratégies développées au fil du temps pour passer inaperçus. C'est ce que l'on appelle souvent le « masquage ». On apprend à compenser, à inventer des astuces pour donner l'impression que tout va bien mais les difficultés restent présentes en arrière-plan et continuent de peser sur la vie quotidienne.

Ces difficultés se traduisent par des problèmes très concrets comme gérer les horaires, respecter une organisation, rester concentrée plus de quelques minutes sur une tâche qui ne m'intéresse pas, ou encore préserver des relations sociales sans m'épuiser. Elles augmentent aussi la vulnérabilité face à l'anxiété ou à la dépression. Le TDA/H n'est donc pas une simple affaire d'agitation ou de distraction. C'est un mode de fonctionnement qui s'exprime différemment selon les personnes et selon les moments de la vie, mais qui reste toujours là, même quand on parvient à le cacher.

› TDA/H sans le H existe-t-il ?

On entend parfois parler de TDA, comme si l'hyperactivité pouvait disparaître du tableau. Une neuropsychologue m'a expliqué un jour que ce trouble sans le H n'existait pas vraiment. L'hyperactivité est toujours là même si elle n'est pas visible. Chez certaines personnes elle est physique, chez d'autres elle se joue dans la tête. On parle alors d'hyperactivité cérébrale, et cette forme invisible est souvent la plus difficile à comprendre.

Je trouve important de m'arrêter sur ce point parce qu'il éclaire bien la confusion autour du TDA et du TDA/H. Quand on enlève le H, on laisse penser qu'il s'agirait d'un autre trouble alors qu'il s'agit surtout d'une différence d'expression des mêmes mécanismes. Les personnes qu'on qualifie de TDA partagent les mêmes difficultés de concentration, d'organisation et de maintien de l'attention. Elles peuvent avoir du mal à suivre des consignes, à aller au bout de leurs tâches, à rester engagées dans une activité qui demande de l'effort mental. Comme l'agitation corporelle est absente, le trouble paraît moins visible aux yeux des autres.

À l'inverse, le H ajoute à ces difficultés l'agitation motrice et l'impulsivité. On retrouve alors les personnes qui bougent sans cesse, qui parlent beaucoup, qui interrompent, qui peinent à attendre leur tour. L'extérieur perçoit davantage ces manifestations, et c'est peut-être pour cette raison que ce profil est plus facilement identifié.

Pour ma part, je me reconnais dans cette hyperactivité intérieure. Elle ne s'exprime pas toujours par un besoin de bouger mais par un flux incessant de pensées, de projets, d'idées qui s'entrechoquent. Mon corps peut sembler immobile mais ma tête ne s'arrête jamais. C'est une agitation qui fatigue autant que l'autre, même si elle se voit moins.

Le DSM-V distingue trois grandes façons dont le TDA/H peut se montrer. On parle de présentations, parce qu'elles bougent au fil du temps avec l'âge ou les contextes.

La première est la présentation à prédominance inattentive. On estime qu'elle concerne environ 20 à 30% des personnes diagnostiquées. Dans ce profil, les difficultés se concentrent surtout sur l'attention. On oublie facilement les tâches en cours, on se laisse distraire par le moindre détail, on peine à organiser ses activités et à aller au bout de ce qui est commencé. Comme cette présentation ne s'accompagne pas forcément d'agitation visible, elle est souvent moins repérée, notamment chez les filles et les femmes.

Je pense à mon fils quand il était en primaire. Il passait son temps à dessiner des histoires avec des « bonhommes bâton » et s'amusait à transformer sa gomme ou son stylo en avion, à les faire voler sur son bureau, à rêver dans son monde intérieur. L'enseignant, démuni, le trouvait simplement inattentif et répétait « il doit faire des efforts », comme si prononcer ces mots allait suffire à régler la situation. Ce que le professeur ne voyait pas, c'était l'effort qu'il faisait pour essayer de ramener son attention dans la classe, et la fatigue que cela lui causait. Je ne dis pas que tous les enfants qui jouent avec leur gomme sont TDA/H mais cet exemple illustre bien la différence entre un comportement perçu comme un manque de volonté et ce qui, en réalité, relève d'un fonctionnement neurologique particulier.

La deuxième est la présentation à prédominance hyperactive-impulsive. Elle représente seulement environ 10 à 20% des diagnostics mais c'est la forme la plus visible et celle à laquelle on pense immédiatement. C'est un enfant ou un adulte qui parle beaucoup, qui coupe la parole, qui bouge sans cesse ou qui a du mal à rester assis. Comme elle saute aux yeux, cette présentation est plus rapidement repérée mais elle ne reflète qu'une partie du spectre du TDA/H.

La troisième est la présentation combinée. Elle est la plus fréquente, puisqu'elle concerne environ 50 à 70 % des personnes diagnostiquées. C'est aussi la plus complexe, car elle cumule les signes d'inattention et ceux d'hyperactivité-impulsivité, créant une charge encore plus lourde à gérer au quotidien.

Ces présentations peuvent évoluer avec le temps. Un enfant qualifié de rêveur peut devenir un adulte impulsif, ou à l'inverse un enfant très agité peut apprendre à canaliser ses gestes et ne plus montrer que l'inattention. Les chercheurs insistent d'ailleurs sur ce point, on parle de présentations plutôt que de sous-types parce que ces profils décrivent un état à un moment donné et non une identité définitive.

Chez l'adulte, les critères ont été adaptés. Il n'est plus demandé six symptômes comme chez l'enfant mais cinq suffisent. Les descriptions tiennent désormais compte de la vie adulte, avec des exemples liés au travail, à la gestion de la maison ou aux relations sociales, afin de mieux refléter la réalité de ceux qui ne sont plus à l'école mais qui continuent à vivre avec le TDA/H.

> *Selon le DSM-5-TR (2022, toujours en vigueur en 2025, pour l'enfant, il faut que six symptômes (dans une ou les deux catégories) soient présents de façon persistante avant l'âge de 12 ans, dans au moins deux contextes (maison, école, activités, etc.) et qu'ils causent une gêne significative. Pour l'adulte, il suffit de cinq symptômes.*

● **Les 9 symptômes d'inattention (DSM-5-TR)**

1. Fait souvent des fautes d'étourderie ou néglige les détails.
2. A du mal à maintenir son attention sur les tâches ou le jeu.
3. Semble ne pas écouter quand on lui parle directement.
4. Ne suit pas les consignes et ne termine pas ses devoirs ou obligations.
5. A des difficultés à organiser ses tâches ou ses activités.
6. Évite ou rechigne à se lancer dans des tâches qui demandent un effort mental soutenu.
7. Perd souvent les objets nécessaires à son travail ou à ses activités.
8. Se laisse facilement distraire par des stimuli externes.
9. Oublie fréquemment des activités du quotidien.

● **Les 9 symptômes d'hyperactivité/impulsivité (DSM-5-TR)**

1. Remue souvent les mains ou les pieds, ou se tortille sur son siège.
2. Se lève alors qu'il devrait rester assis.
3. Court ou grimpe partout, dans des situations inappropriées (chez l'adulte, décrit comme une agitation intérieure).
4. A du mal à se livrer tranquillement à des activités de loisir.
5. Est souvent « sur la brèche », comme s'il était « monté sur ressorts ».
6. Parle excessivement.
7. Laisse échapper des réponses avant la fin des questions.
8. A du mal à attendre son tour.
9. Interrompt ou impose sa présence aux autres.

1.2 Les causes

› La part de la génétique

On sait aujourd'hui que le TDA/H n'est pas une question d'éducation ou de volonté. Ce n'est pas une mode non plus. La recherche a montré qu'il existe une forte composante génétique, ce qui veut dire que le trouble se transmet souvent au sein des familles.

Les études sur les jumeaux sont particulièrement éclairantes. Quand des chercheurs observent des jumeaux identiques, qui partagent cent pour cent de leur patrimoine génétique, ils constatent que si l'un présente un TDA/H, l'autre a entre 60 et 70 % de chances de l'avoir aussi. Avec des jumeaux fraternels, qui partagent environ la moitié de leurs gènes, ce taux descend à 30 %. Cette différence est trop nette pour être due au hasard. Elle montre que les gènes pèsent lourd dans l'apparition du trouble, même si l'environnement joue aussi son rôle.

On estime aujourd'hui que **l'héritabilité du TDA/H se situe autour de 70 %**. Cela veut dire que la majorité du risque vient de la génétique, mais qu'il reste une part influencée par les conditions de vie, la grossesse, l'exposition à certaines substances ou encore la qualité du sommeil et de l'alimentation dans l'enfance.

Ce que ces chiffres racontent, c'est que le TDA/H est un fonctionnement cérébral qui a des bases biologiques solides. Quand on retrouve plusieurs personnes concernées dans une même famille, ce n'est pas une coïncidence, c'est l'expression d'un terrain partagé.

Les gènes en question

Quand on s'intéresse de plus près aux causes du TDA/H, on se rend compte que plusieurs gènes entrent en jeu. Ce n'est pas un seul interrupteur dans le cerveau qui « déraille », mais un ensemble de petits mécanismes qui, mis bout à bout, modifient notre manière de fonctionner.

Commençons par la dopamine. Ce neurotransmetteur est souvent au centre des discussions parce qu'il régule la motivation, le plaisir et l'attention. Plusieurs gènes impliqués dans son fonctionnement ont été identifiés. Par exemple, le **gène DAT1** fabrique une sorte de transporteur qui récupère la dopamine après qu'elle ait transmis son signal. Quand il varie, ce recyclage est perturbé et les niveaux de dopamine disponibles baissent, ce qui influence directement l'attention et le contrôle des impulsions.

Il y a aussi le **gène DRD4**, qui code aussi pour un récepteur de la dopamine. C'est un peu comme une serrure qui attend sa clé. Quand la clé ne rentre pas bien, la communication est moins efficace. Certaines variations de ce gène rendent le récepteur moins performant et cela se traduit par des difficultés de motivation ou d'organisation.

Le **gène DRD5** agit lui aussi sur des récepteurs de la dopamine. Selon la manière dont il s'exprime, on peut produire trop ou trop peu de récepteurs, ce qui perturbe encore l'équilibre. Dans la vie quotidienne, cela se traduit par des difficultés de concentration, une impulsivité plus marquée, ou au contraire une tendance à chercher sans cesse des stimulations pour compenser.

Le **gène SNAP-25**, lui, ne touche pas directement les récepteurs, mais une protéine essentielle à la libération de la dopamine entre les neurones. Quand cette communication est ralentie, c'est tout le réseau cérébral qui fonctionne moins bien. Les circuits liés à l'attention et à l'autocontrôle deviennent alors moins fiables.

Et enfin, le **gène COMT** qui joue un rôle dans le métabolisme de la dopamine agit comme une enzyme qui dégrade l'excédent de ce neurotransmetteur. Si cette enzyme est trop active, la dopamine chute trop vite. Si elle l'est trop peu, l'équilibre est tout autant perturbé. Dans les deux cas, cela se ressent sur les fonctions exécutives, comme la planification ou la capacité à rester concentré.

Ce qui ressort de toutes ces découvertes, c'est que le TDA/H n'est pas lié à un « gène de l'inattention » ou à un « gène de l'agitation ». Il s'agit plutôt d'un puzzle génétique où plusieurs pièces influencent la dopamine et, dans une moindre mesure, la sérotonine qui a aussi son rôle à jouer. Ce neurotransmetteur agit un peu comme un régulateur général. Il influence l'humeur, le sommeil, l'appétit, mais aussi la capacité à se calmer et à trouver un équilibre intérieur. Quand ses niveaux sont déséquilibrés, c'est toute la vie quotidienne qui en ressent l'impact.

Dans mon cas, je le vois très clairement. Mon appétit est souvent absent, comme si la sensation de faim n'arrivait pas jusqu'à moi. Je peux passer des heures sans penser à manger, et quand je le fais, le plaisir gustatif est souvent atténué. La sérotonine intervient justement dans ces circuits de récompense liés à la nourriture. Quand elle n'est pas bien régulée, on mange sans vraiment en profiter, ou on oublie simplement de le faire.

Elle influence aussi mon sommeil. Je connais trop bien les nuits blanches où le cerveau refuse de ralentir. La sérotonine participe à la production de mélatonine, cette hormone qui nous aide à nous endormir. Quand elle est déréglée, le cycle du sommeil se brise et l'insomnie s'installe. Cela n'a rien d'un simple « je pense trop », c'est un déséquilibre biologique qui empêche le corps de retrouver un rythme réparateur.

Et il y a ce que j'appelle mon hyperfocus dont je parle plus haut, ce moment où je me fixe sur un détail, un projet, une idée, et où plus rien d'autre n'existe. Je peux rester absorbée des heures, au point d'oublier de manger ou de dormir. Dans mon cerveau, c'est comme si la sérotonine et la dopamine se liguaient pour m'enfermer dans ce tunnel d'attention.

La sérotonine n'agit pas seule, bien sûr. Elle s'entrelace avec la dopamine et d'autres neurotransmetteurs. Ensemble, ils forment une sorte de réseau de communication fragile. Quand ce réseau est stable, on tient debout, mais quand il s'effondre, tout devient plus difficile, manger, dormir, se concentrer, garder son calme...

Et bien évidemment, quand ces pièces s'assemblent différemment, elles dessinent un profil de fonctionnement qui s'éloigne de la norme.

Les circuits cérébraux

Au-delà des neurotransmetteurs, il y a aussi les circuits du cerveau, ces réseaux de neurones qui travaillent ensemble comme des équipes spécialisées. Dans le TDA/H, certains de ces circuits ne fonctionnent pas comme prévu et cela explique une grande partie des difficultés rencontrées.

Le premier, c'est **le circuit de la récompense**. Il devrait nous donner l'élan nécessaire pour nous mettre au travail et ressentir une satisfaction quand nous avançons. Chez moi, il reste souvent silencieux. Commencer une tâche qui n'apporte pas de gratification immédiate ressemble à gravir une montagne sans chaussures. On repousse, on procrastine, ce n'est pas lié à de la paresse mais à ce circuit qui ne s'active pas comme il le devrait.

Le deuxième, c'est **le cortex préfrontal**. C'est lui qui orchestre l'attention, la planification et le contrôle de soi. Dans le TDA/H, il fonctionne au ralenti.

Résultat : une organisation fragile, des oublis, des décisions prises trop vite ou sans recul. J'ai souvent cette impression de courir après un train déjà parti, incapable de tout coordonner à temps.

Que dire du **réseau en mode par défaut**, celui qui s'allume quand l'esprit vagabonde. Chez les personnes concernées, il est souvent suractif. Cela veut dire que même en pleine réunion ou au milieu d'une lecture, une pensée en chasse une autre, et l'attention se dissout. J'ai beau essayer de rester concentrée, mon cerveau repart ailleurs, dans des scénarios imaginaires ou des détails sans importance.

Ces trois circuits ne sont pas isolés. Ils se parlent en permanence, et c'est justement là que le TDA/H crée des failles. Quand le circuit de la récompense reste muet, quand le cortex préfrontal peine à diriger, et quand le réseau par défaut prend toute la place, la vie quotidienne devient une succession de décalages, d'efforts constants et d'épuisement.

Mais pourquoi ces circuits fonctionnent-ils différemment chez certaines personnes ? Pour répondre à cette question, il faut descendre encore plus loin, au niveau des gènes qui régulent les neurotransmetteurs. Car si le cerveau s'organise autrement, c'est en partie à cause de petites variations génétiques qui modifient la façon dont la dopamine et la sérotonine circulent et sont recyclées.

Les variations génétiques responsables

L'un des exemples les plus étudiés est celui du polymorphisme 5-HTTLPR, lié au gène SLC6A4, qui influence directement le transport de la sérotonine.

Pour faire simple, à l'intérieur du **gène SLC6A4**, il existe une variation appelée **polymorphisme 5-HTTLPR**. Elle se présente sous deux formes principales, la courte et la longue, et chacune influence différemment la régulation de la sérotonine.

La version courte rend le transporteur moins efficace. Résultat, la sérotonine reste plus longtemps dans l'espace synaptique avant d'être recyclée. Cela peut sembler positif au premier abord, puisque la sérotonine circule plus longtemps, mais en réalité l'équilibre est vite rompu. Les récepteurs, constamment sollicités, finissent par se désensibiliser et deviennent moins réactifs. Ce dérèglement crée une sorte de brouillage dans la communication entre les neurones et cela se répercute sur d'autres systèmes de neurotransmetteurs. Sur le plan concret, cette variation est associée à une vulnérabilité plus forte à l'anxiété et à la dépression, à des troubles du sommeil liés à une production perturbée de mélatonine, ainsi qu'à une plus grande impulsivité et une gestion émotionnelle plus difficile.

La version longue fonctionne à l'inverse. Elle rend le transporteur de la sérotonine plus efficace, ce qui accélère la recapture. Mais cette rapidité réduit la quantité de sérotonine disponible dans l'espace synaptique. Là encore l'équilibre est rompu et les conséquences ne sont pas anodines. Une recapture trop rapide affecte la régulation émotionnelle et le contrôle des impulsions. Les chercheurs observent que cette version augmente elle aussi le risque de troubles de l'humeur et d'impulsivité mais par un mécanisme différent.

Ni la version courte ni la version longue ne garantissent un équilibre parfait. Dans les deux cas, l'équilibre de la sérotonine peut être perturbé, et cela contribue à façonner un terrain plus sensible à certains troubles.

> Les causes neurologiques

J'ai déjà parlé du **cortex préfrontal** en évoquant les circuits cérébraux, mais il vaut la peine de s'y arrêter un instant de manière plus précise. Cette zone située juste derrière le front est la base de nos fonctions exécutives, celles qui nous permettent de planifier, de prendre des décisions réfléchies et de freiner nos impulsions. Dans le TDA/H, on observe qu'il peut être moins actif, ou que son développement est plus lent. Cela explique la difficulté à rester concentré, à structurer les tâches et à contrôler des réactions parfois trop rapides.

Un autre acteur est **le striatum**, niché en profondeur au sein des ganglions de la base. Il comprend notamment le noyau caudé et le putamen. Ces structures participent à la coordination des mouvements, à la motivation, au traitement des récompenses et même à certaines fonctions cognitives. Quand elles fonctionnent différemment, la régulation de la motivation et du plaisir s'en trouve altérée, ce qui contribue à la fameuse procrastination et aux démarrages difficiles.

Le cervelet, qu'on associe surtout à la coordination motrice, joue lui aussi un rôle dans le maintien de l'attention. Les personnes avec un TDA/H présentent parfois des anomalies dans cette région, ce qui peut se traduire par une attention instable et une exécution des tâches moins cohérente.

Toutes ces différences neurologiques confirment donc que le TDA/H n'a rien à voir avec une question de volonté ou de discipline. Il s'agit bien d'**un**

fonctionnement cérébral différent, ancré dans des particularités anatomiques et développementales.

Mais la génétique n'explique pas tout. L'environnement dans lequel un enfant se développe joue aussi un rôle, en particulier avant et juste après la naissance. Certains facteurs ne déclenchent pas à eux seuls le TDA/H mais ils augmentent la probabilité que ses manifestations soient plus marquées.

Les causes environnementales

Certains facteurs environnementaux, tels que l'exposition prénatale au tabac, à l'alcool ou à certaines drogues, des complications à la naissance ou une exposition à des toxines environnementales, peuvent augmenter le risque de développer le TDA/H.

Comment les chercheurs mesurent ces risques ?

Il est utile de comprendre comment les scientifiques établissent ces liens entre une exposition prénatale (tabac, alcool, drogues, etc.) et un risque accru de TDA/H.

La plupart du temps, les chercheurs travaillent avec des études épidémiologiques. Ils suivent un grand nombre d'enfants et comparent ceux qui ont été exposés pendant la grossesse (par exemple au tabac) avec ceux qui ne l'ont pas été. Si une proportion plus importante d'enfants exposés développe un TDA/H, on parle alors d'une augmentation du risque.

Pour affiner les résultats, plusieurs études sont regroupées dans ce qu'on appelle une méta-analyse. Cela permet d'additionner les données de milliers d'enfants et de voir si la tendance se répète, même avec des populations différentes.

Il faut toutefois rester prudent. Ces études montrent une corrélation, mais pas forcément une causalité directe. Par exemple, une mère qui fume pendant sa grossesse peut aussi être confrontée à d'autres facteurs de risque comme un stress élevé, l'isolement ou moins de suivi médical, qui jouent aussi sur le développement de l'enfant. C'est pourquoi certains chercheurs insistent pour dire que le tabac (dans l'exemple du tabac, mais cela est aussi valable pour les autres causes environnementales) ne « cause » pas le TDA/H, mais qu'il s'ajoute à un ensemble de vulnérabilités.

Ce qui est certain, c'est que plus ces facteurs s'accumulent, plus le risque grandit. Et c'est cette accumulation qu'on retrouve souvent dans les histoires familiales de TDA/H.

Pour les bien-pensants qui affirment que ces données sont obsolètes, les faits sont pourtant têtus. Les recherches les plus récentes confirment et précisent encore ces liens. En 2025, une vaste méta-analyse portant sur plus de quatre millions d'enfants a montré que l'exposition prénatale au tabac multipliait par 1,7 le risque de développer un TDA/H. Du côté du plomb, des études publiées en 2024 et 2025 soulignent qu'une exposition même faible augmente déjà le risque, parfois jusqu'à 2,5 fois, et que ce lien suit une logique dose-réponse. Autrement dit, plus l'exposition est élevée, plus le risque grimpe. Ces résultats ne relèvent pas du passé, ils sont d'actualité et viennent renforcer ce que la recherche documente depuis des années.

❖ https://journals.plos.org/plosone/article?id=10.1371%2Fjournal.pone.0317112

❖ https://www.sciencedirect.com/science/article/abs/pii/S0048969724057309

Le tabac

Les substances chimiques contenues dans la fumée de cigarette traversent le placenta et atteignent directement le cerveau en développement du fœtus. Des anomalies peuvent alors apparaître dans les régions qui régulent l'attention et le comportement.

Plusieurs études l'ont montré. Dès 2006, une publication dans le Journal of the American Academy of Child and Adolescent Psychiatry soulignait que les enfants exposés in utero au tabac avaient environ 2,5 fois plus de risques d'être diagnostiqués avec un TDA/H que ceux dont les mères n'avaient pas fumé.

En 2011, une méta-analyse regroupant 24 études a confirmé ce lien, estimant une augmentation du risque de 60 %. Même avec des données plus récentes et des nuances méthodologiques, l'association entre tabac et TDA/H reste suffisamment forte pour inquiéter.

Les chercheurs ne sont pas tous d'accord sur l'ampleur exacte de l'effet, car il est difficile de distinguer ce qui relève uniquement du tabac et ce qui relève d'autres facteurs liés comme le stress, l'alimentation ou la consommation d'alcool chez certaines femmes enceintes qui fument. Mais la tendance reste claire, le tabac, pendant la grossesse, augmente le risque de difficultés d'attention et d'impulsivité chez l'enfant.

L'alcool

L'alcool traverse sans filtre le placenta et atteint directement le cerveau du fœtus, qui n'a aucun moyen de le métaboliser correctement. Les conséquences peuvent être durables car l'alcool perturbe la formation des connexions neuronales.

Les études sont nombreuses à l'avoir démontré. Dès 2001, une recherche publiée dans Pediatrics a montré que les enfants exposés à l'alcool in utero avaient deux à trois fois plus de risques de présenter des symptômes proches du TDA/H, notamment des difficultés de concentration, une impulsivité marquée et une agitation permanente. Une méta-analyse de 2007, parue dans le Journal of Child Psychology and Psychiatry, a confirmé le constat que les enfants exposés présentaient plus de problèmes de mémoire, d'attention et de contrôle des impulsions que ceux qui ne l'avaient pas été.

Ces observations s'intègrent dans ce qu'on appelle le spectre de l'alcoolisation fœtale. Selon la quantité d'alcool consommée, la fréquence et le moment de l'exposition pendant la grossesse, les effets varient d'un enfant à l'autre. Tous ne développent pas un TDA/H, mais l'alcool rend le terrain beaucoup plus fragile. Ce n'est pas seulement l'attention qui est touchée, mais tout un ensemble de fonctions cognitives qui deviennent instables.

Ce qu'il faut retenir, c'est que même à faible dose, l'alcool peut perturber le développement cérébral. Contrairement à une idée reçue encore trop répandue, il n'existe pas de seuil de consommation « sûr » pendant la grossesse. Les organismes de santé recommandent donc aujourd'hui une abstinence totale, non pas par excès de prudence, mais parce que les risques sont bien réels et documentés.

Les drogues dures

La cocaïne, les opiacés ou encore les amphétamines consommées pendant la grossesse interfèrent directement avec la construction des réseaux neuronaux. Le cerveau en formation est particulièrement vulnérable, ces substances peuvent provoquer des anomalies structurelles visibles, mais aussi des altérations dans la manière dont les circuits de l'attention et de la motivation vont fonctionner à long terme.

En 2001, une recherche publiée dans le Journal of the American Medical Association a montré que les enfants exposés à la cocaïne in utero avaient un risque une fois et demie à deux fois plus élevé de développer des troubles de l'attention et des comportements impulsifs. En 2006, une autre étude parue dans Pediatrics a révélé que l'exposition aux opiacés multipliait par 2,4 le risque de troubles du comportement. Ces enfants présentaient aussi davantage de difficultés d'apprentissage et des déficits cognitifs persistants.

Les mécanismes en jeu sont multiples. La cocaïne perturbe la régulation de la dopamine, ce qui impacte directement les circuits liés à la récompense et au contrôle des impulsions. Les opiacés, eux, modifient le développement des connexions neuronales et altèrent les systèmes de gestion de la douleur et du plaisir. Dans les deux cas, les conséquences se prolongent bien au-delà de la naissance.

Tous les enfants exposés ne développperont pas un TDA/H, mais cette exposition laisse une empreinte biologique qui fragilise durablement la régulation attentionnelle et émotionnelle.

› **Les complications à la naissance**

La façon dont un enfant vient au monde peut aussi jouer un rôle dans le développement ultérieur du TDA/H. La prématurité et le faible poids de naissance sont parmi les facteurs les plus étudiés.

Un accouchement prématuré interrompt brutalement un processus de maturation cérébrale encore en cours. Certaines zones du cerveau, en particulier celles liées à la régulation de l'attention et des émotions, n'ont pas eu le temps d'achever leur développement. Les enfants nés très tôt présentent ainsi plus souvent des difficultés de concentration, de régulation comportementale et d'apprentissage.

Le poids de naissance, lui aussi, a son importance. Un bébé qui naît avec un poids inférieur à la moyenne a souvent connu un environnement prénatal contraint, parfois lié à des carences, à des problèmes de santé maternels ou à une mauvaise vascularisation du placenta. Là encore, le cerveau en formation subit un stress qui laisse des traces.

Une étude publiée en 2004 dans le Journal of the American Medical Association indiquait que les enfants nés prématurément avaient deux à trois fois plus de risques de développer des troubles de l'attention que ceux nés à terme. En 2012, une recherche parue dans Pediatrics montrait que les enfants avec un faible poids de naissance avaient un risque multiplié par 2,6 de présenter des comportements impulsifs ou inattentifs, ainsi que des difficultés scolaires et émotionnelles.

Encore une fois, ces données ne signifient pas qu'un enfant prématuré ou petit à la naissance développera forcément un TDA/H. Le cerveau humain est extrêmement sensible aux conditions de sa mise au monde et chaque fragilité dans cette étape peut peser plus tard sur son fonctionnement.

› **La pollution**

Le cerveau d'un enfant n'est pas seulement vulnérable pendant la grossesse ou à la naissance. Il continue de se développer pendant toute l'enfance, et certains polluants de l'environnement peuvent perturber ce processus. Deux substances reviennent régulièrement dans les recherches : le plomb et les pesticides.

Le plomb, même à faibles doses, interfère avec le fonctionnement normal des neurones. Il perturbe la libération des neurotransmetteurs, ralentit la vitesse de communication entre les cellules nerveuses et altère la formation de nouvelles connexions. En 2007, une étude publiée dans Environmental Health Perspectives a montré que les enfants exposés à des niveaux élevés de plomb avaient deux à quatre fois plus de risques de développer des symptômes d'hyperactivité et d'inattention. Même des taux considérés comme « modérés » suffisaient à provoquer des effets mesurables sur le comportement.

Les pesticides organophosphorés, utilisés en agriculture, s'attaquent directement au système nerveux, en perturbant l'activité des enzymes qui régulent la transmission des signaux entre les neurones. En 2010, une recherche parue dans Pediatrics a révélé que les enfants avec des niveaux élevés de résidus de ces pesticides dans leurs urines avaient deux fois plus de risques de présenter des symptômes de TDA/H.

L'environnement chimique dans lequel grandissent les enfants est non négligeable dans leur développement neurologique. Le cerveau est un organe plastique et fragile. Quand il est exposé trop tôt à des substances qui perturbent ses circuits, les effets peuvent se prolonger sur toute une vie.

> *En 2025, on a beaucoup parlé de la fameuse « loi Duplomb ». Certains ont cru qu'elle réautorisait en France l'acétamipride (un insecticide de la famille des néonicotinoïdes, utilisés pour traiter les cultures mais connus pour leurs effets nocifs sur les abeilles et, plus largement, sur le système nerveux), interdit depuis plusieurs années. En réalité, l'article qui le concernait a été censuré par le Conseil constitutionnel, et il n'a donc pas été remis en circulation sur le territoire français. C'est une précision importante, parce que l'information a souvent été relayée de manière incomplète ou confuse.*

> *Cela ne veut pas dire que nous sommes totalement à l'abri. L'acétamipride reste autorisé au niveau européen, ce qui signifie que*

des résidus peuvent se retrouver sur des produits importés. La recherche de ces dernières années n'a pas encore établi de lien direct entre l'acétamipride et un diagnostic de TDA/H ou de TSA chez l'humain. En revanche, plusieurs travaux expérimentaux, y compris publiés en 2024 et 2025, montrent des effets neurodéveloppementaux préoccupants de différents néonicotinoïdes. D'autres études épidémiologiques associent l'exposition aux pesticides en général à une augmentation du risque d'autisme et de troubles apparentés.

On ne peut donc pas affirmer que l'acétamipride cause directement le TDA/H ou le TSA mais on sait que le cerveau en développement est extrêmement vulnérable et que l'effet cocktail des pesticides est encore mal compris. Dans ce contexte, le principe de précaution reste essentiel.

› L'impact du psychosocial

Le TDA/H n'apparaît pas à cause de l'éducation ou du contexte social mais l'environnement dans lequel un enfant évolue peut amplifier ou apaiser les manifestations du trouble. Quand la vie de famille est traversée par le stress, qu'il s'agisse de disputes régulières, de problèmes financiers ou simplement d'une tension permanente, l'enfant avec un TDA/H se retrouve particulièrement vulnérable. Ses difficultés de concentration et d'autorégulation deviennent encore plus marquées dans un climat où tout le monde est à cran. Les chercheurs comme Biederman ou Chronis, entre 1997 et 2005, ont montré que ce stress pouvait accentuer l'inattention et l'impulsivité même si tous les enfants ne réagissent pas de la même manière. Certains s'en sortent grâce à leur propre résilience ou au soutien extérieur mais beaucoup voient leurs symptômes renforcés quand l'équilibre familial est déjà fragile.

Lorsqu'un enfant reçoit surtout des critiques, des réprimandes ou des punitions répétées, il ne se sent pas aidé mais encore plus enfermé dans ses difficultés. Être jugé en permanence sur ce que l'on fait mal mine l'estime de soi et n'améliore en rien la capacité à se concentrer ou à contrôler ses élans. Au contraire, l'anxiété grandit et les comportements problématiques se renforcent, comme si la spirale devenait impossible à casser.

Le rôle de parent devient épuisant quand on a un enfant qui ne tient jamais en place. Les critiques ou les punitions finissent parfois par s'enchaîner parce que les parents sont à bout, sans autre issue immédiate. C'est justement là qu'un diagnostic précoce change tout. Il permet de mettre en place des stratégies et du soutien adaptés, pour l'enfant comme pour sa famille. Sans ce repère, on avance dans le brouillard, on ne devine pas comment le TDA/H fonctionne, et on se heurte sans cesse aux mêmes incompréhensions.

Quand le quotidien est déjà difficile à gérer à la maison, l'école vient souvent ajouter une nouvelle couche de tension. Le système scolaire repose sur des attentes implicites très exigeantes comme rester assis pendant de longues heures, écouter sans bouger, se concentrer sur des tâches répétitives, respecter des règles tacites que les autres enfants semblent comprendre sans effort. Pour un enfant TDA/H, chaque journée de classe se transforme en épreuve parce qu'il doit mobiliser une énergie énorme simplement pour tenter de « tenir », là où ses camarades suivent le rythme sans difficulté particulière.

Beaucoup de ces enfants accumulent alors les retards scolaires, certains finissent par redoubler, d'autres décrochent complètement. Les résultats deviennent alors une source supplémentaire de stress, comme si l'école, au lieu d'être un lieu d'apprentissage et d'épanouissement, se transformait en miroir permanent de leurs difficultés. Les notes, les remarques des enseignants et les comparaisons avec les autres renforcent ce sentiment d'échec et d'injustice.

Cela ne veut pas dire que tout est joué d'avance. Lorsqu'un soutien adapté est mis en place, qu'il s'agisse d'aménagements pédagogiques, d'une meilleure compréhension de la part des enseignants ou de dispositifs spécialisés, beaucoup d'enfants TDA/H s'en sortent très bien. Mais sans ce filet de sécurité, le cercle vicieux est presque inévitable. Les difficultés d'attention entraînent de mauvais résultats, qui génèrent du stress, lequel accentue encore les symptômes. L'école, au lieu d'ouvrir des portes, devient alors un poids supplémentaire à porter.

1.3 La prévalence mondiale

La fréquence du TDA/H n'est pas la même partout ni à tous les âges, et les chiffres dépendent beaucoup des méthodes de recherche utilisées. Pourtant, certaines grandes études permettent de dégager des tendances solides.

Chez les enfants et les adolescents, une méta-analyse publiée en 2015 par Thomas et ses collègues a rassemblé 175 études portant sur plus d'un million de participants à travers le monde. Le résultat est assez net : environ 7,2 % des enfants et adolescents présentent un TDA/H. La majorité de ces recherches avaient été menées en milieu scolaire, ce qui explique en partie que les taux observés soient plus élevés que dans des enquêtes menées sur la population générale. Mais malgré ces différences de contexte, le chiffre global reste cohérent et se situe toujours dans cette fourchette de 6 à 8 %.

Chez les adultes, les chiffres sont plus bas. Une revue internationale publiée en 2023 dans European Psychiatry estime la prévalence autour de 3 %. Cela peut donner l'impression que le trouble « disparaît » en grandissant, mais ce n'est pas vraiment le cas. Plusieurs facteurs expliquent cette baisse apparente. L'hyperactivité, par exemple, tend à s'atténuer avec l'âge, alors que l'inattention persiste plus souvent. Beaucoup d'adultes développent aussi des stratégies de compensation qui masquent leurs difficultés. À cela s'ajoute le fait que les outils diagnostiques sont surtout calibrés pour les enfants, ce qui entraîne une sous-estimation chez les adultes. Enfin, de nombreux adultes n'ont jamais été diagnostiqués dans l'enfance, et ne le sont qu'au moment où leurs symptômes deviennent trop gênants dans leur vie quotidienne.

La prévalence du TDA/H ne suit pas une courbe uniforme autour du globe — elle fluctue selon les cultures, les systèmes de santé et les méthodes de diagnostic. En Asie, les chiffres tournent autour de 6,3 % chez les enfants et adolescents.

Dans certains pays du Moyen-Orient, les données sont plus contrastées. Une méta-analyse récente, publié en janvier 2024, a révélé des taux allant de 1,3 % (au Yémen) à 22,2 % (en Iran) selon les contextes régionaux analysés, ce qui montre bien l'importance de la méthode employée et du cadre de l'étude.

Et aux États-Unis, c'est encore un autre paysage. Une étude de 2024 montre que 11,4 % des enfants de 3 à 17 ans avaient reçu un diagnostic à un moment donné, et 10,5 % étaient toujours concernés par un TDA/H au moment de l'enquête. Mais ça ne s'arrête pas là, au niveau des États, on observe des disparités — en 2018–2021, le taux était de 11,3 % dans le Sud des USA, 10 % dans le Midwest, 9,1 % dans le Nord-Est, et beaucoup plus bas dans l'Ouest (6,9 %). Ces écarts reflètent moins la réalité biologique que les différences d'accès aux soins ou de pratiques diagnostiques).

Dans ce contexte si variable, cette prévalence dépend autant du terrain que des diagnostics. Oui, les chiffres varient mais ils s'expliquent souvent par la manière dont on cherche, identifie et catégorise le trouble.

La France illustre bien ce décalage. La reconnaissance du TDA/H s'appuie beaucoup sur le système scolaire, parce que ce sont les enseignants qui repèrent les comportements gênants et alertent les familles. En revanche, dans le système de santé, le diagnostic préventif reste plus rare et dépend souvent de la région et de l'accès aux spécialistes. Les professionnels rappellent régulièrement qu'il faudrait des études nationales mieux conçues pour obtenir une image précise et homogène de la situation, et ainsi améliorer la prise en charge.

Mise à jour septembre 2025 :

Depuis quelques années, les grands travaux internationaux confirment une tendance stable. En 2023, une méta-analyse monumentale menée sur plus de trois millions d'enfants a estimé la prévalence du TDA/H à environ 8 %, avec un rapport de deux garçons pour une fille. En 2024, une autre analyse regroupant près de cent mille enfants a trouvé des chiffres très proches, autour de 7,6 % chez les plus jeunes et 5,6 % chez les adolescents. Ces résultats rejoignent ceux de Thomas et al. (2015) et montrent que, malgré la diversité des méthodes, l'estimation mondiale reste remarquablement cohérente.

Chez les adultes, les données les plus récentes placent la prévalence entre 2 et 5 %. Le trouble ne disparaît donc pas avec l'âge (ce que l'on savait déjà), mais il est souvent moins visible, mieux compensé, et surtout encore largement sous-diagnostiqué.

Contrairement à ce que certains avancent, il n'y a pas d' « épidémie » de TDA/H. Une revue récente du King's College London rappelle que la fréquence réelle n'a pas bougé depuis 2020. Ce qui augmente, ce sont les diagnostics, parce que la société reconnaît mieux le trouble et parce que les adultes, longtemps laissés de côté, commencent enfin à être pris en compte.

1.4 Le diagnostic

Le diagnostic du TDA/H n'est jamais simple. Les symptômes se ressemblent d'un âge à l'autre mais ils ne s'expriment pas de la même manière. Chez les enfants, ils apparaissent surtout à l'école et à la maison, là où l'agitation et l'inattention deviennent visibles parce qu'elles gênent le quotidien. Chez les adultes, les mêmes difficultés existent encore, mais elles sont souvent masquées par des stratégies de compensation, des routines strictes ou, au contraire, des débordements d'énergie qui paraissent liés à autre chose.

C'est pour cela que j'ai choisi de séparer ce chapitre en deux parties, l'une consacrée aux enfants, l'autre aux adultes. Oui, cela entraîne des répétitions mais elles sont nécessaires. Une personne qui lit ce livre pour comprendre son enfant n'aura peut-être pas envie de lire la partie sur les adultes et inversement. Mieux vaut donc redire certaines choses que de risquer d'en laisser de côté.

› Le diagnostic chez l'enfant

Chez l'enfant, poser un diagnostic demande du temps et surtout une approche pluridisciplinaire. Ce n'est pas en dix minutes de consultation que l'on tranche et heureusement ! Les symptômes doivent être observés dans plusieurs contextes – à la maison, à l'école, dans les activités de groupe – pour être sûrs qu'il ne s'agit pas seulement d'un comportement passager ou lié à une situation particulière.

Tout commence par des entretiens cliniques. Le pédiatre, le pédopsychiatre ou le psychologue cherche à comprendre comment l'enfant fonctionne au quotidien. Les parents racontent l'histoire des difficultés, depuis quand elles existent, comment elles se manifestent, ce qui les aggrave ou les apaise.

Les enseignants sont souvent sollicités pour décrire ce qu'ils observent, car l'école est un lieu où les symptômes se révèlent facilement, qu'il s'agisse d'inattention pendant les cours, de difficultés à rester assis, de bavardages, d'oublis de matériel ou de devoirs jamais terminés. Ces observations sont recueillies à travers des questionnaires spécifiques comme les échelles de Conners ou de Vanderbilt, également remplis par les parents. Cela peut sembler fastidieux mais ces outils sont précieux car ils donnent une vision croisée et objective des comportements de l'enfant. Un parent qui vit au quotidien avec un enfant agité n'aura pas forcément la même perception qu'un enseignant face à une classe entière. Ces questionnaires permettent de comparer, de repérer les constantes et les différences, et d'établir une anamnèse, c'est-à-dire l'historique précis des symptômes et leur évolution.

Viennent ensuite les tests psychométriques qui servent à mesurer les capacités d'attention de l'enfant mais aussi de sa mémoire de travail, sa vitesse de traitement de l'information.

Des tests comme le Continuous Performance Test (TOVA) permettent de voir concrètement comment l'enfant maintient (ou perd) son attention dans une tâche répétitive. Ces données complètent les observations et apportent un regard plus objectif sur ce qui se passe.

De plus, l'observation directe permet de compléter ce que racontent les parents et les enseignants. En voyant l'enfant évoluer en situation réelle, le clinicien peut confirmer ou nuancer ce qui a été décrit dans les questionnaires. Ce regard extérieur aide à relier les témoignages aux comportements concrets et à affiner le diagnostic.

Enfin, un examen médical complet est indispensable. L'objectif est d'écarter toute autre cause possible comme les troubles du sommeil (comme l'apnée du sommeil), troubles thyroïdiens, problèmes neurologiques ou encore troubles sensoriels. Beaucoup de conditions médicales peuvent provoquer de l'inattention, de l'irritabilité ou de l'agitation. Sans cet examen, on prendrait le risque de confondre le TDA/H avec autre chose.

Les outils

Les outils utilisés pour établir ce diagnostic sont nombreux. On retrouve l'ADHD-RS-IV, ou encore l'ECPA. Des entretiens semi-structurés comme le K-SADS-PL aident à explorer l'ensemble des troubles de l'enfance et pas uniquement le TDA/H. Ces instruments ne remplacent jamais le jugement clinique mais ils renforcent sa fiabilité.

L'ADHD-RS-IV (Attention Deficit Hyperactivity Disorder Rating Scale – quatrième édition) est une échelle qui permet de mesurer la fréquence et l'intensité des symptômes du TDA/H. Les parents et les enseignants remplissent un questionnaire qui passe en revue différents comportements comme l'inattention, l'agitation ou l'impulsivité. Cela donne une image chiffrée de la sévérité des symptômes, utile pour suivre leur évolution dans le temps ou évaluer l'effet d'une prise en charge.

L'ECPA (Échelle Comportementale de l'Attention) est un outil plus spécifique, qui s'intéresse surtout à la capacité d'attention de l'enfant. Elle permet de voir dans quelles situations l'attention se maintient et dans lesquelles elle décroche. Ce test aide à distinguer une simple distraction passagère d'un déficit plus profond de l'attention.

Le K-SADS-PL (Schedule for Affective Disorders and Schizophrenia for School-Age Children – Present and Lifetime version) est un entretien semi-structuré conduit par un professionnel avec l'enfant et ses parents. Il ne se limite pas au TDA/H mais explore un large éventail de troubles de l'enfance, comme l'anxiété, la dépression, les troubles de l'humeur ou du comportement. L'intérêt de cet outil est de vérifier si les symptômes observés relèvent bien d'un TDA/H, ou s'ils correspondent à un autre trouble, ou encore à une combinaison de plusieurs diagnostics.

À ces outils s'ajoutent les tests de performance continue, souvent appelés CPT, dont le plus connu est **le TOVA** (Test of Variables of Attention). Ces tests consistent à demander à l'enfant de répondre à des stimuli simples et répétitifs pendant une période prolongée, ce qui permet d'évaluer directement son attention soutenue, sa vitesse de réaction et sa capacité à inhiber une réponse impulsive. Ils apportent des données objectives qui viennent compléter les questionnaires et les observations cliniques, et permettent de visualiser de façon concrète comment l'enfant maintient – ou perd – son attention dans une tâche monotone.

> *La procédure peut sembler longue et complexe, mais c'est une nécessité. Le diagnostic ne repose pas sur une impression, il se construit patiemment, en croisant des regards, des outils et des observations. C'est cette accumulation de preuves qui permet de dire avec confiance qu'un enfant est bien concerné par un TDA/H.*

> Le diagnostic chez l'adulte

Beaucoup d'adultes découvrent leur TDA/H tardivement, parfois au détour d'un épuisement professionnel, d'un burn-out ou d'une difficulté relationnelle. Pendant des années, leurs symptômes ont été masqués par des stratégies de compensation, si bien qu'ils sont souvent passés sous les radars dans l'enfance. Pourtant, les difficultés étaient déjà là, mais elles ont été confondues avec de la paresse, un manque d'organisation ou un caractère un peu «à part».

Ce qui complique le diagnostic c'est que les personnes concernées doivent souvent remonter dans leurs souvenirs pour décrire des symptômes apparus avant l'âge de 12 ans. Cet exercice est difficile, car tout le monde n'a pas une mémoire claire de son enfance. Les médecins demandent donc souvent l'aide de la famille, des anciens bulletins scolaires, ou même des témoignages de proches pour reconstituer ce puzzle.

L'évaluation commence généralement par un entretien clinique approfondi avec un psychiatre ou un psychologue spécialisé. On y explore l'histoire personnelle et familiale, le parcours scolaire et professionnel, ainsi que les difficultés rencontrées au fil du temps. Le clinicien cherche à savoir si les symptômes d'inattention, d'hyperactivité ou d'impulsivité ont été présents de manière persistante et s'ils ont eu un impact réel sur la vie quotidienne.

À cet entretien s'ajoutent des questionnaires standardisés spécifiquement conçus pour les adultes.

- **L'ASRS** (Adult ADHD Self-Report Scale) est l'un des plus utilisés. C'est une auto-évaluation où la personne décrit elle-même la fréquence de ses symptômes.

- **Le CAARS** (Conners' Adult ADHD Rating Scales) qui explore différents aspects du trouble chez l'adulte.

- **Le DIVA-5** (Diagnostic Interview for ADHD in Adults), lui, est un entretien structuré basé sur les critères du DSM-5, qui permet de vérifier point par point la présence des symptômes.

- **Le WURS** (Wender Utah Rating Scale) sert quant à lui à évaluer rétrospectivement les symptômes de l'enfance afin de savoir si le trouble était déjà présent.

- **L'échelle BIS-11** (Barratt Impulsiveness Scale) est parfois utilisée pour mesurer spécifiquement l'impulsivité.

Des outils complémentaires comme **le QbTest**, qui est un test informatisé, mesure l'attention, l'impulsivité et l'activité motrice.

Comme chez l'enfant, un examen médical complet est indispensable. Certaines conditions médicales – troubles du sommeil, hypothyroïdie, troubles anxieux ou dépressifs – peuvent mimer ou aggraver les symptômes du TDA/H. Le clinicien doit donc écarter ces causes avant de poser un diagnostic définitif.

> **Les centres de diagnostic**

Ces centres sont souvent rattachés à des hôpitaux, des cliniques spécialisées ou des centres de santé mentale. Bien que ces centres soient essentiels pour offrir une évaluation précise et un plan de traitement adapté, leur accessibilité reste un défi majeur. La concentration des ressources médicales dans certaines régions, la pénurie de spécialistes et les longs délais d'attente compliquent l'obtention d'un diagnostic rapide et efficace. Cette situation est exacerbée par le phénomène de désert médical qui n'affecte pas uniquement les zones rurales mais aussi certaines zones urbaines où la demande dépasse largement l'offre disponible. Ainsi, il devient impératif de comprendre les dynamiques des centres de diagnostic, les obstacles auxquels ils sont confrontés et les solutions potentielles pour améliorer leur accessibilité et leur efficacité.

› Comment trouver un centre de diagnostic du TDA/H en France ?

En France le parcours n'est pas toujours simple à comprendre. Contrairement à d'autres pays où les démarches sont plus centralisées, ici les familles doivent souvent naviguer entre plusieurs portes d'entrée.

Le premier réflexe est généralement d'en parler à **son médecin traitant**. C'est lui qui oriente vers un spécialiste, qu'il s'agisse d'un pédopsychiatre, d'un psychiatre adulte, d'un neurologue ou d'un centre hospitalier spécialisé. Le médecin traitant n'établit pas le diagnostic seul, son rôle est d'ouvrir la voie et de rédiger les courriers nécessaires pour accéder à une évaluation approfondie.

Il existe aussi des centres de référence et de ressources, parfois appelés **Centres Ressources TDA/H** ou intégrés dans les Centres Hospitaliers Universitaires (CHU). Ces structures disposent d'équipes pluridisciplinaires qui associent psychiatres, psychologues, neuropsychologues et parfois orthophonistes. L'avantage de ces centres est qu'ils offrent une évaluation complète et croisée, ce qui limite les erreurs de diagnostic. L'inconvénient est que les délais peuvent être très longs, parfois plusieurs mois, voire plus d'un an dans certaines régions.

Les neuropsychologues libéraux constituent une autre option. Ils ne posent pas le diagnostic médical officiel – car seul un médecin peut le faire – mais ils réalisent des bilans extrêmement détaillés qui permettent d'objectiver les difficultés d'attention, d'impulsivité ou de mémoire. Ces bilans servent ensuite de support au médecin spécialiste pour confirmer le diagnostic.

De plus en plus d'associations et de collectifs de patients mettent à disposition des annuaires de professionnels spécialisés. L'Association TDA/H France, par exemple, publie régulièrement des listes de contacts et de centres vers lesquels se tourner. Les groupes de soutien et forums en ligne peuvent aussi être de précieuses sources d'informations même si toutes ne sont pas toujours fiables.

1.5 Les traitements

Le traitement du TDA/H n'est pas unique ni universel. On parle de prise en charge multimodale, c'est-à-dire qu'il combine souvent plusieurs approches pour s'adapter à chaque personne. Les médicaments peuvent être une aide, mais ils ne sont jamais la seule réponse. Les thérapies comportementales, la formation des parents, les stratégies éducatives ou encore les outils pratiques du quotidien font partie du tableau d'ensemble.

› Les médicaments

Les médicaments restent la piste la plus connue et parfois la plus controversée. Les plus prescrits sont les psychostimulants comme le méthylphénidate (Ritalin©, Concerta©) ou les amphétamines (Adderall©, Vyvanse©). Leur action est assez simple à comprendre, ils augmentent la disponibilité de la dopamine et de la noradrénaline dans le cerveau, deux neurotransmetteurs essentiels pour l'attention, la motivation et le contrôle des impulsions. Résultat, l'attention s'améliore et l'agitation diminue.

Quand les stimulants ne conviennent pas, soit parce qu'ils ne sont pas efficaces, soit parce qu'ils entraînent trop d'effets secondaires, il existe d'autres options. L'atomoxétine (Strattera©) fait partie des médicaments non stimulants, tout comme certains antidépresseurs utilisés dans des cas précis.

Chaque type de traitement a ses avantages mais aussi ses effets indésirables possibles. La perte d'appétit et l'insomnie font partie des plus courants avec les stimulants. Certains patients rapportent aussi de la nervosité, des maux de tête ou une augmentation de la pression artérielle. Dans des cas plus rares, on peut observer des tics, de l'irritabilité ou une humeur dépressive. Les antidépresseurs, eux, ont d'autres profils d'effets secondaires, comme la prise de poids, la sécheresse de la bouche ou une certaine somnolence.

C'est pour cette raison qu'aucun traitement médicamenteux ne doit être lancé sans un suivi médical attentif. Le médecin ajuste progressivement les doses, observe les réactions et parfois teste plusieurs options avant de trouver celle qui offre un bon équilibre entre efficacité et tolérance. Chaque personne réagit différemment, et ce qui marche pour l'un ne fonctionnera pas forcément pour l'autre.

› L'automédication par substances

Je voudrais ouvrir ici un sujet parfois tabou qu'est l'automédication. Beaucoup de personnes autistes et TDA/H, surtout les adolescents et les jeunes adultes, se tournent vers l'alcool, le cannabis ou d'autres substances pour tenter de calmer leur agitation intérieure, leur anxiété ou simplement pour « tenir le coup » en société. Ce n'est pas une théorie abstraite, c'est ce que je vois et ce que la recherche confirme.

La psychiatre Agnieszka Butwicka, par exemple, a publié en 2017 une étude sur près de 27 000 personnes autistes en Suède et montré qu'elles étaient deux fois plus exposées aux problèmes liés aux substances que la population générale. Et quand le TDA/H s'ajoute, le risque grimpe encore.

J'ai souvent entendu des témoignages de jeunes qui expliquent qu'ils boivent pour se donner du courage ou qu'ils fument pour faire taire le trop-plein sensoriel. Une étudiante de 19 ans parlait de l'alcool comme d'une « béquille » pour réussir à suivre les conversations, comme si sans cela elle restait bloquée à la marge. Ces comportements ne viennent pas de nulle part. Quand on vit avec une anxiété permanente, un sentiment d'exclusion ou l'impression d'être toujours à côté, chercher un moyen de soulager ça devient presque logique.

Le problème, c'est que ces stratégies bricolées font plus de mal que de bien, mais les programmes classiques de prise en charge des addictions ne sont pas adaptés à ce public. Un étudiant autiste racontait que les thérapies de groupe l'épuisaient car il n'arrivait pas à suivre le rythme des échanges. Cela montre qu'il faut penser autrement, créer des dispositifs adaptés aux profils neurodivergents, qui tiennent compte de leurs besoins.

› La psychoéducation

Il s'agit là d'une approche thérapeutique structurée qui vise à informer et à outiller les personnes concernées par un trouble neurodéveloppemental comme le TDA/H ainsi que leur entourage. Elle ne se limite pas à « expliquer » le trouble. C'est un processus qui associe de la transmission de connaissances scientifiques, des exemples concrets tirés du quotidien et des exercices pratiques pour apprendre à mieux gérer les difficultés.

En France et ailleurs, la psychoéducation est généralement proposée par des psychiatres, des psychologues cliniciens, des neuropsychologues, parfois des infirmiers spécialisés en santé mentale. Dans certains centres hospitaliers, elle prend la forme de programmes structurés avec plusieurs séances en groupe ou en individuel. Les associations de patients comme HyperSupers TDA/H France organisent également des ateliers de psychoéducation animés par des professionnels.

Comment ça se déroule ?

Cette pratique se fait le plus souvent sous forme de séances de groupe, parfois individuelles, qui durent de 1 à 2 heures. Un cycle peut compter entre 5 et 10 séances. Chaque séance aborde un thème précis, comme comprendre le TDA/H, repérer ses forces et ses faiblesses, apprendre à organiser son temps, gérer le stress, améliorer la communication familiale, etc. Les participants reçoivent des explications claires, puis mettent en pratique avec des exercices ou des discussions autour de situations réelles.

Pour les enfants, la psychoéducation aide à comprendre ce qui se passe dans leur tête, pourquoi ils agissent différemment et leur montre qu'ils ne sont pas seuls.

Pour les parents, elle donne des stratégies éducatives et diminue la culpabilité. Beaucoup découvrent que certaines réactions de leur enfant ne relèvent pas d'un caprice mais d'une difficulté neurologique.

Pour les adultes concernés, elle permet d'identifier leurs propres schémas de fonctionnement, de mettre des mots sur ce qu'ils vivent depuis des années et de construire des solutions réalistes adaptées à leur quotidien.

Les études montrent que la psychoéducation améliore la compréhension du trouble, réduit l'anxiété des familles et augmente l'adhésion aux autres formes de traitement (médicamenteux ou non). Elle favorise aussi l'autonomie car une personne qui comprend son fonctionnement développe plus facilement des stratégies efficaces pour compenser ses difficultés.

On peut suivre une psychoéducation dans plusieurs cadres différents. Certains hôpitaux publics, en pédopsychiatrie ou en psychiatrie adulte, ont intégré ce type de programme à leurs parcours de soin. Les centres experts TDA/H en proposent aussi, souvent sous forme de cycles qui associent patients et familles. Les associations spécialisées, comme HyperSupers TDA/H France, organisent régulièrement des ateliers accessibles à leurs adhérents, ce qui permet d'apprendre aux côtés d'autres familles vivant les mêmes réalités. Enfin, il existe aussi des psychologues en libéral qui sont formés à la psychoéducation et qui proposent des programmes personnalisés, adaptés au rythme et aux besoins de chaque personne.

› La remédiation cognitive

C'est une approche thérapeutique qui vise à améliorer les fonctions cognitives altérées chez les personnes présentant un TDA/H. Les fonctions cognitives regroupent l'attention, la mémoire de travail, la planification, la flexibilité mentale et l'inhibition des comportements impulsifs. L'idée n'est pas de « guérir » le trouble mais de renforcer certains circuits cérébraux en les entraînant, un peu comme on musclerait une partie du corps à la salle de sport.

Elle est généralement menée par des neuropsychologues, des orthophonistes ou des psychologues spécialisés dans les troubles des apprentissages et du développement. Dans certains cas, elle peut aussi être proposée dans des centres experts TDA/H ou dans des hôpitaux disposant d'unités spécialisées en neuropsychologie.

Elle se fait par cycles de séances, souvent une à deux fois par semaine, sur plusieurs mois. Chaque séance dure en moyenne entre 45 minutes et 1h30.

Concrètement, les exercices de remédiation cognitive prennent plusieurs formes. Il y a les programmes informatisés, comme Cogmed, Captain's Log ou HappyNeuron, qui proposent des tâches interactives pour entraîner la mémoire de travail, l'attention soutenue ou encore la flexibilité mentale. Il y a aussi des activités plus classiques, papier-crayon ou sous forme de jeux comme des puzzles, des stratégies, des exercices de mémoire, tout ce qui oblige à réfléchir et à organiser sa pensée. Enfin, certains programmes vont encore plus loin en proposant des mises en situation concrètes. On travaille alors sur des gestes du quotidien, comme préparer un sac d'école sans rien oublier, organiser une recette de cuisine étape par étape ou gérer un emploi du temps chargé.

Chez l'enfant, elle aide à améliorer les apprentissages scolaires, en travaillant directement sur les mécanismes d'attention et d'organisation.

Chez l'adolescent, elle soutient la préparation aux examens, la gestion du stress et la capacité à planifier dans un environnement plus exigeant.

Chez l'adulte, elle permet de reprendre confiance dans des compétences essentielles pour le travail et la vie quotidienne, comme la gestion du temps ou la mémoire des consignes.

Avec ce type d'entraînement, on peut voir des progrès réels, par exemple une mémoire de travail plus solide ou une meilleure capacité à maintenir l'attention. Dans la vie de tous les jours, ça se traduit par moins d'oublis, plus de facilité à suivre un cours ou à gérer un projet. Mais il faut rester lucide, tout le monde ne réagit pas de la même manière et ces progrès ne tiennent que s'ils sont entretenus dans le quotidien. Si on arrête tout d'un coup, les bénéfices peuvent s'effacer assez vite. C'est pour ça que ces programmes sont souvent associés à d'autres approches comme la psychoéducation, la thérapie comportementale ou encore l'ergothérapie, qui viennent consolider les acquis et les ancrer dans la réalité.

Où trouver ces programmes ?

On peut accéder à ce type de programmes de différentes manières. Beaucoup de neuropsychologues en libéral en proposent dans leur cabinet avec des séances régulières et un suivi personnalisé. Certains hôpitaux disposent aussi d'unités spécialisées en neuropsychologie où la remédiation cognitive fait partie du parcours de soin. Il existe aussi des programmes informatisés qu'on peut utiliser à la maison mais toujours sous la supervision d'un professionnel. Parmi les plus connus, on retrouve Cogmed, Captain's Log ou encore HappyNeuron.

Ces logiciels proposent des exercices interactifs pour travailler la mémoire de travail, l'attention soutenue ou la flexibilité mentale. Utilisés seuls, téléchargés comme de simples applis commerciales, ils perdent une grande partie de leur efficacité. En revanche, quand ils sont intégrés dans un suivi sérieux avec des objectifs précis et un retour régulier du thérapeute, ils deviennent un vrai outil d'entraînement cognitif.

> **La thérapie comportementale**

Quand on parle de thérapie comportementale, beaucoup s'imaginent une série d'actions ou de phrases prêtes à l'emploi. On lit partout des conseils comme « préparer son sac la veille » ou « utiliser une checklist ». En pratique, ça ne marche pas si la personne est seule face à sa difficulté, parce que le problème du TDA/H, ce n'est pas de ne pas savoir quoi faire, c'est de réussir à le faire de manière constante, sans quelqu'un derrière pour guider.

Ce que propose réellement la thérapie comportementale, c'est d'analyser avec la personne ce qui coince et dans quelles conditions, puis de construire des stratégies adaptées. Parfois ça passe par des routines très simples, parfois par des détournements créatifs. Un enfant qui se lève toutes les deux minutes en classe ne changera pas du jour au lendemain, mais avec un système de renforcement positif ou un signal discret convenu avec l'enseignant, il peut peu à peu apprendre à différer son besoin de bouger.

Beaucoup d'enfants et d'adultes TDA/H se heurtent à des malentendus parce qu'ils coupent la parole, parlent trop fort ou ratent des signaux implicites. La thérapie ne leur dit pas « sois normal », elle leur donne des clés pour décoder ce que les autres attendent et trouver des manières de réagir qui les aident à s'intégrer sans perdre leur identité.

Ce qui me paraît essentiel, c'est que cette approche est pragmatique. On ne cherche pas à transformer une personne en élève modèle ou en salarié parfait mais à l'aider à vivre un peu mieux avec ses particularités, et quand c'est bien accompagné, ça soulage tout le monde, autant la personne concernée que son entourage.

> **L'ergothérapie**

Cette pratique est centrée sur le développement de l'autonomie et l'adaptation du quotidien. L'objectif n'est pas de « corriger » le TDA/H mais d'aider la personne à trouver des stratégies concrètes pour mieux fonctionner dans la vie de tous les jours. L'ergothérapeute travaille sur l'équilibre entre les capacités de la personne, ses besoins et les contraintes de son environnement, qu'il soit scolaire, professionnel ou domestique.

Elle est menée par des ergothérapeutes diplômés qui peuvent exercer en libéral dans des centres spécialisés ou en hôpital. L'ergothérapie est encore peu répandue pour le TDA/H en France par rapport à d'autres pays comme le Canada mais elle se développe progressivement.

Les séances se font souvent en individuel et durent environ une heure. L'ergothérapeute commence par une évaluation précise des forces, des difficultés et des habitudes de vie de la personne. Ensuite, il propose des exercices et des aménagements adaptés. Cela peut aller de l'organisation de l'espace de travail, à la création de routines efficaces, en passant par des entraînements à la planification, à la gestion du temps et à l'autorégulation des émotions.

Chez l'enfant, l'ergothérapie peut aider à mieux gérer les routines scolaires (préparer son cartable, organiser son bureau, apprendre à séquencer une tâche).

Chez l'adolescent, elle soutient la gestion de l'autonomie grandissante, notamment pour l'organisation des devoirs, la planification des révisions ou l'apprentissage de la gestion du stress.

Chez l'adulte, elle sert à mettre en place des stratégies pour mieux gérer le travail, la maison, les relations sociales et à trouver un équilibre entre performance et bien-être.

Les bénéfices sont concrets et visibles au quotidien. Il y a moins d'oubli, plus de régularité, un environnement adapté qui réduit la charge mentale et améliore la confiance en soi.

Où trouver ces programmes ?

Les ergothérapeutes exercent en libéral ou dans certains centres spécialisés. Quelques hôpitaux publics intègrent aussi des ergothérapeutes dans leurs équipes de psychiatrie ou de neurologie. Certaines associations peuvent orienter vers des praticiens formés au TDA/H. En revanche, il est rare de trouver un ergothérapeute spécialisé directement en TDA/H, il faut souvent se tourner vers ceux qui travaillent sur les troubles neurodéveloppementaux plus largement.

> *La thérapie comportementale agit surtout sur les comportements et les compétences sociales, tandis que l'ergothérapie se concentre sur l'adaptation de l'environnement et l'autonomie dans les activités quotidiennes.*

> **L'orthophonie**

L'orthophonie prend toute sa valeur lorsqu'elle s'intègre dans un parcours global de prise en charge. Elle est particulièrement utile lorsque les difficultés touchent la mémoire de travail verbale, la compréhension des consignes ou l'expression orale et écrite. Dans ces cas, elle complète la remédiation cognitive en renforçant des compétences spécifiques liées au langage et elle s'articule avec l'ergothérapie qui travaille plutôt sur l'organisation concrète du quotidien.

Pour les enfants, l'orthophonie fait souvent le lien avec l'école. Elle aide à transformer les stratégies vues en séance en outils directement utilisables en classe, ce qui en fait un relais précieux avec les enseignants. Pour les adolescents et adultes, elle apporte un soutien plus ciblé sur la communication, l'argumentation, la structuration du discours ou encore la préparation d'examens et de présentations professionnelles.

Autrement dit, l'orthophonie n'est pas forcément indiquée pour tout le monde mais lorsqu'il existe des difficultés de langage ou de communication qui aggravent le TDA/H, elle devient une pièce essentielle du puzzle. Elle s'articule avec les autres méthodes pour créer un accompagnement plus cohérent et adapté aux besoins réels de la personne.

1.6 La formation des parents

Quand on parle de « formation des parents », certains s'imaginent un truc très théorique où on leur explique comment être de « meilleurs parents ». En réalité, ce n'est pas ça du tout. C'est plutôt un espace où on apprend à respirer un peu, à sortir de la culpabilité et à trouver des astuces concrètes qui collent vraiment au quotidien.

Parce qu'élever un enfant TDA/H, c'est épuisant. Les crises, les oublis, l'agitation permanente... ça use les nerfs et ça laisse parfois les parents à bout avec le sentiment de mal faire quoi qu'ils fassent. Dans ces formations, on ne leur dit pas « soyez plus patients » – comme si ça suffisait. On leur donne des outils pour instaurer des routines réalistes, pour poser des limites sans entrer dans un rapport de force,et surtout pour ne pas se sentir seuls.

Ces formations se trouvent tout d'abord auprès des associations spécialisées. En France, l'association *HyperSupers – TDA/H France* propose par exemple des ateliers pratiques, des webinaires et même une formation complète en neuf modules accessibles en ligne (via TDA/H-formation.fr). On y aborde aussi bien les bases du TDA/H que les stratégies concrètes pour l'école, la maison ou les relations familiales. J'y suis moi-même adhérente, d'abord par soutien mais j'ai découvert que l'adhésion donne aussi accès gratuitement à des formations en ligne très complètes. Elles sont pensées pour les parents mais aussi pour les conjoints et les proches, avec des modules clairs qui vont de l'histoire du TDA/H aux outils pratiques pour la maison et l'école.

Il existe aussi des programmes proposés par certaines fondations, comme la *Fondation Philippe Laprise*, qui met à disposition gratuitement des cours en ligne destinés aux parents, aux enseignants et aux professionnels. Leur but est de donner des outils simples et directement utilisables au quotidien.

À côté de ça, plusieurs universités ont lancé des *MOOC* (cours en ligne ouverts à tous). L'Université de Genève propose par exemple un programme qui explique le TDA/H et donne des pistes éducatives. L'Université Laval (au Québec aussi) a développé un autre MOOC centré sur l'accompagnement des jeunes à la maison et à l'école. Ces cours sont accessibles gratuitement sur inscription et permettent d'apprendre à son rythme, depuis chez soi.

Enfin, pour celles et ceux qui veulent un accompagnement plus structuré, il existe *le programme Barkley*, disponible en ligne en français. C'est une référence internationale, pensée spécifiquement pour les parents d'enfants TDA/H. Il est payant, mais il offre un cadre solide et progressif.

> Les livres

En plus des formations et des cours en ligne, il y a des livres qui peuvent vraiment aider. Un incontournable, c'est « *Mon cerveau a besoin de lunettes* » d'Annick Vincent. Ce livre est souvent recommandé parce qu'il parle directement aux enfants mais moi je trouve qu'il aide aussi les parents à entrer dans l'univers de leur enfant TDA/H. Les illustrations et le ton accessible permettent d'expliquer ce qui se passe dans la tête d'un enfant, sans tourner autour du pot.

Il y a aussi « *TDA/H – La boîte à outils* » d'Ariane Hébert qui est très pratique. Ce n'est pas un pavé théorique, c'est plein de stratégies concrètes pour le quotidien. On peut l'ouvrir à la page qui nous intéresse et trouver des idées immédiatement utilisables.

Pour les parents qui veulent aller plus loin, les livres de Pascale De Coster sont précieux, notamment « *TDA/H : aider mon enfant à déployer son plein potentiel* » et « *Le TDA/H chez l'adulte* ». Ils permettent de voir le trouble sur toute la trajectoire de vie, de l'enfance à l'âge adulte et montrent qu'on peut construire un équilibre malgré les difficultés.

Enfin, il y a des ouvrages plus pointus, comme le « *Manuel de l'hyperactivité et du déficit de l'attention* » de Martin Desseilles et Nader Perroud, qui sont davantage destinés aux adultes concernés ou aux proches qui veulent comprendre le côté médical et psychologique en profondeur.

L'important est de trouver le livre qui résonne son besoin. Certains parents ont besoin de comprendre le fonctionnement global, d'autres cherchent des astuces pratiques pour l'école et d'autres encore veulent savoir comment ça évolue à l'âge adulte.

2. TSA - Définition et symptômes

Si vous avez lu la partie sur le TDA/H, vous allez retrouver des points communs ici, parce que les deux troubles se croisent souvent et se ressemblent parfois au point de créer de vraies confusions. Moi-même, avant de comprendre que j'étais concernée par les deux, je me perdais dans ces nuances. Le TSA, ou Trouble du Spectre de l'Autisme, n'est pas une case unique mais une mosaïque de réalités. On parle de « spectre » parce que chaque personne autiste a son propre mélange de difficultés et de forces, aucun parcours ne ressemble totalement à un autre.

Concrètement, le TSA se manifeste par des difficultés dans la communication sociale, des comportements répétitifs et des particularités sensorielles qui peuvent transformer le quotidien en véritable champ de bataille. Ces signes apparaissent très tôt, généralement avant trois ans, mais dans beaucoup de cas – surtout chez les filles – ils passent inaperçus ou sont mal interprétés, ce qui retarde le diagnostic de plusieurs décennies. C'est mon cas et c'est aussi celui de nombreuses femmes que j'ai croisées dans les associations ou sur les forums.

› L'autisme au féminin

On croit souvent que l'autisme concerne surtout les garçons mais c'est en grande partie parce que les critères de diagnostic ont été établis à partir de profils masculins. Résultat, des générations entières de femmes sont restées invisibles. Moi aussi, j'ai grandi sans que personne ne se doute que j'étais autiste. On me décrivait comme timide, trop sensible, rêveuse, alors qu'en réalité, je passais mon énergie à m'adapter et à cacher mes différences.

Ce camouflage, je l'ai appris très tôt en observant les autres, en mémorisant leurs expressions, leurs gestes et leurs attitudes pour les reproduire ensuite dans les situations sociales. J'essayais de donner l'impression d'être comme tout le monde et de l'extérieur cela pouvait sembler fonctionner, mais à l'intérieur c'était une lutte permanente pour suivre un rôle qui n'était pas vraiment le mien.

On appelle cela le masquage et il fait partie intégrante de la vie de nombreuses femmes autistes.

À force de jouer ce rôle, j'ai fini par m'écrouler une fois seule quand la pression redescendait. Les crises d'angoisse, l'épuisement et parfois même un véritable burn-out apparaissent parce que ce masque demande une énergie considérable à porter. C'est un effort invisible que les autres ne voient pas mais qui finit par user de l'intérieur.

Le paradoxe, c'est que cette adaptation constante, censée protéger, rend aussi plus vulnérable. Comme il est difficile de lire correctement les signaux sociaux et que l'on cherche avant tout à se conformer, on devient une cible facile pour la manipulation, l'exploitation ou les abus. Ce décalage entre ce que je montre et ce que je ressens m'a souvent exposée à des situations pour lesquelles je n'avais pas les armes pour gérer.

Un sourire mal placé a déjà été interprété comme de la moquerie. Un mouvement banal, comme me frotter l'oreille pour me calmer, a été perçu par un homme comme une tentative de séduction alors qu'il ne s'agissait que d'une stéréotypie. Ces quiproquos semblent insignifiants de l'extérieur mais quand ils s'accumulent, ils créent un fossé entre ce que je vis réellement et ce que les autres croient voir. Un autre exemple personnel concerne les sons. Pour moi, tout est à la même hauteur. Le chien qui aboie au bout de la rue, la voiture qui passe et la personne qui me parle en face de moi, tout arrive avec la même intensité dans mes oreilles. Dans ces conditions, suivre une conversation devient un exercice quasi impossible. Alors très tôt, j'ai appris à lire sur les lèvres pour compenser. Mais là encore, ce mécanisme d'adaptation a donné lieu à des situations absurdes. Un jour, un homme a cru que je voulais l'embrasser simplement parce que je fixais sa bouche pour comprendre ce qu'il disait.

Ce réflexe est tellement ancré que quand je regarde un film en anglais, je lis instinctivement sur les lèvres des acteurs mais mon cerveau entend la version française doublée. Le résultat est déroutant et franchement assez drôle quand on y pense. J'ai même cru, pendant des années, avoir un problème d'audition. C'est seulement lors de mon diagnostic au CRA que j'ai découvert que ce n'était pas le cas mais qu'au contraire j'avais l'oreille absolue. Une information qui d'un coup, a mis de l'ordre dans beaucoup de choses que je vivais sans jamais pouvoir les expliquer.

Bref, chez les femmes autistes, les troubles psychiatriques associés sont très fréquents, même si les chiffres exacts varient d'une étude à l'autre. Une grande synthèse de recherches publiée en 2024 a montré qu'environ une femme autiste adulte sur quatre vit une dépression au moment de l'évaluation, et qu'au cours de la vie entière ce chiffre grimpe à près de quatre sur dix. D'autres travaux de grande ampleur confirment que les femmes autistes reçoivent plus souvent que les hommes autistes des diagnostics de troubles anxieux, de dépression ou encore de problèmes de sommeil. En Suède, par exemple, une étude suivant les jeunes adultes jusqu'à 25 ans a montré que 77 % des femmes autistes avaient déjà reçu au moins un diagnostic psychiatrique, contre 62 % des hommes, et qu'elles étaient aussi plus souvent hospitalisées. On sait également que, bien avant même qu'un diagnostic d'autisme ne soit posé, les femmes sont plus nombreuses à avoir déjà consulté pour de l'anxiété ou de la dépression, ce qui peut retarder l'identification de leur profil autistique. Enfin, la recherche souligne que les femmes autistes ont tendance à masquer davantage leurs difficultés sociales, un effort de camouflage qui, loin de les protéger, s'accompagne d'un risque accru de mauvaise santé mentale et de dépression.

L'anxiété est omniprésente, tout comme les troubles alimentaires, qui peuvent devenir une manière de reprendre le contrôle sur un corps et un environnement qu'on subit. Ces chiffres, je ne les cite pas pour noircir le tableau mais parce que derrière eux il y a des parcours marqués par le retard de diagnostic, l'incompréhension et la solitude.

2.1 Les causes

Comme pour le TDA/H, il serait simpliste de chercher une cause unique à l'autisme. Le trouble du spectre de l'autisme résulte d'une combinaison de facteurs génétiques, neurologiques et environnementaux. La recherche avance chaque année et, même si certaines pistes se confirment, beaucoup de zones d'ombre demeurent.

Quand on parle d'autisme, il est impossible de passer à côté du rôle de la génétique. Les études sont nombreuses et concordent : le TSA n'apparaît pas « par hasard », il existe une prédisposition qui se transmet au sein des familles. Cela ne veut pas dire qu'il y a un « gène de l'autisme » unique mais plutôt un ensemble de variations génétiques qui, combinées, augmentent fortement la probabilité de développer le trouble.

Les recherches sur les jumeaux ont été parmi les premières à montrer cette influence. Si l'un des jumeaux monozygotes (identiques) est autiste, l'autre l'est dans environ 70 à 80 % des cas. Pour les jumeaux dizygotes, qui partagent seulement 50 % de leur patrimoine génétique, ce chiffre chute à 20 ou 30 %. Ce contraste illustre bien que les gènes jouent un rôle majeur. Mais le fait que la concordance ne soit pas de 100 % chez les monozygotes rappelle aussi que d'autres facteurs entrent en jeu, notamment l'environnement.

Depuis, les études de séquençage du génome ont identifié des centaines de gènes impliqués. Certains sont particulièrement bien documentés. Le **gène SHANK3**, par exemple, est essentiel à la formation et à la structuration des synapses, ces points de communication entre neurones. Quand il est muté, la communication entre les cellules nerveuses est perturbée, ce qui peut influencer directement la manière dont l'enfant interagit socialement ou gère ses comportements.

Les **gènes NLGN3 et NLGN4** qui codent pour des protéines appelées **neuroligines** sont également importants. Ces protéines permettent aux synapses de se maintenir et de fonctionner correctement. Des mutations à leur niveau perturbent la transmission des signaux entre neurones, ce qui peut se traduire par des difficultés sociales, de la rigidité comportementale et des stéréotypies.

Un autre gène souvent cité est le **gène NRXN1** qui code pour la **neurexine**. Là encore, il s'agit d'une protéine synaptique clé. Les délétions de ce gène ont été observées chez de nombreuses personnes autistes et sont associées à des difficultés de communication sociale et à des comportements atypiques.

D'autres gènes viennent compléter ce tableau. Le **gène MECP2**, bien connu pour être impliqué dans le syndrome de Rett, touche principalement les filles. Même si ce syndrome est distinct du TSA, il partage certains traits, comme les troubles de la communication et les comportements répétitifs. Quant au **gène CHD8**, il régule l'expression d'autres gènes liés au développement cérébral. Des mutations dans CHD8 sont fortement associées à des formes d'autisme avec retard du développement et anomalies morphologiques spécifiques.

Ce qu'il faut retenir, c'est que tous ces gènes créent une vulnérabilité. On parle de susceptibilité génétique. Si à cela s'ajoutent des facteurs environnementaux défavorables (stress prénatal, exposition à certaines substances, complications de naissance) alors la probabilité que le trouble se manifeste augmente. C'est cette interaction permanente entre nos gènes et notre environnement qui rend le TSA si complexe à comprendre.

Zoom sur les gènes clés

Tout au long du livre, certains gènes sont déjà apparus au fil des explications. Cette section a pour but de les réunir au même endroit afin d'offrir une vue d'ensemble. Cela permet de les retrouver facilement, de comparer leur rôle et de mieux comprendre comment ils interagissent dans le TDA/H et le TSA.

› **SHANK3**

Ce gène fabrique une protéine qui agit comme une sorte d'échafaudage à l'intérieur des synapses, ces zones de contact entre deux neurones. Imaginez une gare de triage où les trains sont les signaux nerveux, le SHANK3 est l'architecte qui organise les rails pour que tout circule bien. Quand ce gène est muté, l'échafaudage devient instable. Résultat, la communication entre neurones est chaotique, ce qui peut entraîner des difficultés dans la régulation des émotions, des interactions sociales ou encore dans la flexibilité comportementale. Certaines formes d'autisme sévère avec retard du langage sont directement liées à une mutation de SHANK3.

› NLGN3 et NLGN4

Ces gènes fabriquent des neuroligines, des protéines qui agissent comme des « aimants » permettant aux synapses de rester connectées. Sans elles, la connexion est fragile et les messages passent mal. Des anomalies dans NLGN3 et NLGN4 ont été associées à des difficultés sociales et à des comportements répétitifs. Le fait que deux gènes différents mènent à des effets proches illustre bien que l'autisme est une question de réseaux défaillants plus que de pièce isolée qui manquerait.

› NRXN1

Lui, c'est le partenaire direct des neuroligines. La neurexine qu'il fabrique se trouve de l'autre côté de la synapse et s'accroche aux neuroligines pour former une passerelle solide entre deux neurones. Quand NRXN1 est muté ou supprimé, la passerelle est fragile, parfois inexistante. Les signaux passent alors de manière incomplète, ce qui contribue à des troubles de la communication et à des rigidités comportementales.

› MECP2

Ce gène est surtout connu dans le cadre du syndrome de Rett, qui touche majoritairement les filles. Il agit comme un chef d'orchestre en régulant l'expression d'une foule d'autres gènes impliqués dans le développement neuronal. Quand il ne fonctionne pas bien, ce n'est pas un seul mécanisme qui se dérègle, mais toute une cascade. Dans le TSA, même si MECP2 n'est pas toujours muté, ses anomalies peuvent expliquer certains traits comme la perte de compétences acquises, les stéréotypies et les problèmes de langage.

› CHD8

Celui-ci joue un rôle dans la régulation de la transcription et dans le remodelage de la chromatine. Dit plus simplement, il agit comme un régulateur qui dit à certains gènes « allume-toi » ou « éteins-toi » au bon moment pendant le développement cérébral. Quand CHD8 est muté, certains programmes de développement du cerveau s'allument ou s'éteignent de travers. Cela entraîne souvent un autisme accompagné d'autres particularités physiques (par exemple une tête plus grande que la moyenne, ce qu'on appelle la macrocéphalie).

Un héritage néandertalien

On sait depuis longtemps que nous portons tous, en tant qu'Homo sapiens, une petite partie d'ADN héritée des Néandertaliens. Environ 1 à 4 % de notre génome vient de ces rencontres anciennes, il y a plus de 50 000 ans. Cet héritage joue encore aujourd'hui un rôle dans notre santé, il influence par exemple notre système immunitaire, notre peau ou notre cerveau.

En 2024, une équipe de chercheurs (Doan et al., Molecular Psychiatry, PMID : 38760502) a montré que certaines de ces séquences d'ADN néandertalien pouvaient augmenter le risque de développer un trouble du spectre de l'autisme. Attention, cela ne veut pas dire qu'il existe un "gène de l'autisme" et encore moins que les Néandertaliens étaient "autistes". Cela veut simplement dire qu'une partie de la vulnérabilité génétique à l'autisme vient de très loin dans notre histoire.

Ces morceaux d'ADN hérités influencent des gènes qui participent au développement du cerveau, notamment dans les zones impliquées dans la communication sociale et le traitement sensoriel. En d'autres termes, des différences qui étaient peut-être utiles à l'époque — par exemple une sensibilité accrue aux sons ou une mémoire très précise — peuvent aujourd'hui se traduire dans certains contextes par des traits autistiques.

Ce regard évolutif change notre perception. L'autisme n'est pas une "erreur" ou un "défaut" du cerveau moderne. C'est une manière d'être qui plonge ses racines jusque dans nos ancêtres les plus anciens.

› L'épigénétique et l'influence des gènes

Quand on parle de génétique, on pourrait croire que tout est écrit d'avance dans l'ADN mais la réalité est bien plus subtile. Les chercheurs ont montré que les gènes sont comme une partition et que c'est l'épigénétique qui joue le rôle du chef d'orchestre. Autrement dit, ce n'est pas seulement la présence d'un gène qui compte mais la façon dont il est activé ou éteint au fil du temps.

J'ai déjà parlé de ce mécanisme dans le chapitre sur le TDA/H mais il est nécessaire de le redire ici, même si cela peut sembler une répétition. Les deux troubles partagent ce même terrain, les gènes posent les bases et l'environnement vient moduler leur expression.

Les études montrent par exemple que certains facteurs pendant la grossesse — comme le stress, une infection, l'exposition à des pesticides ou encore certains médicaments comme le valproate — peuvent influencer l'expression de gènes liés au développement du cerveau. Cela ne change pas la séquence de l'ADN mais cela agit comme un interrupteur, le gène s'exprime trop ou pas assez et cela modifie la manière dont les neurones se connectent entre eux.

C'est ce qui explique pourquoi deux vrais jumeaux avec exactement le même patrimoine génétique ne développent pas toujours l'autisme de la même façon. Leurs gènes sont identiques mais les interrupteurs ne se déclenchent pas tous au même moment, ni de la même manière. L'épigénétique permet aussi de comprendre pourquoi il n'existe pas un seul "profil autistique". Les gènes sont là mais leur expression varie selon les parcours de vie, l'environnement, et parfois même les événements vécus très tôt dans l'enfance.

En résumé, la génétique donne le plan mais l'épigénétique écrit l'histoire. C'est pour cela qu'on ne peut pas réduire l'autisme à un seul gène ou à une seule cause et c'est aussi ce qui rend chaque parcours autistique unique.

Zoom sur ces gènes clés

Le gène **MECP2** régule de nombreux autres gènes liés au développement du cerveau. Si ce gène est perturbé, cela peut conduire à des troubles sévères comme le syndrome de Rett mais aussi à des traits qui ressemblent au TSA. Ce n'est pas toujours la séquence du gène qui est en cause mais la manière dont il est activé ou désactivé par des mécanismes épigénétiques comme la méthylation de l'ADN.

Le **gène CHD8**, nous l'avons vu dans la section du TDA/H, agit comme un chef d'orchestre pour organiser l'expression d'une foule d'autres gènes impliqués dans la formation des neurones et des synapses. Quand il est muté ou mal régulé, cela perturbe tout l'équilibre, un peu comme si une partition devenait illisible pour certains musiciens. On retrouve alors des difficultés dans la communication sociale ou des comportements répétitifs, caractéristiques de l'autisme.

Les gènes **NLGN3 et NLGN4** interviennent directement dans les synapses et les recherches montrent que leur activité peut être influencée par des facteurs extérieurs. Par exemple, une infection pendant la grossesse peut modifier l'environnement cellulaire, changeant la manière dont ces gènes s'expriment.

L'autisme est donc une question de dialogue permanent entre les gènes et l'environnement. Ce dialogue peut renforcer certaines particularités ou au contraire les atténuer selon les expériences vécues. Ces variations ne se limitent pas à la période prénatale. L'épigénétique reste active tout au long de la vie. Cela veut dire que des événements vécus dans l'enfance, comme un stress chronique ou une exposition à certaines substances, peuvent continuer à les influencer. À l'inverse, certaines interventions éducatives ou thérapeutiques précoces peuvent aussi contribuer à remodeler ces circuits.

2.2 La prévalence mondiale

Les chiffres évoluent régulièrement parce que les critères de diagnostic changent et les méthodes de dépistage s'affinent. On identifie aujourd'hui des personnes qui, il y a vingt ou trente ans, passaient complètement inaperçues ou étaient cataloguées sous d'autres étiquettes.

Au niveau mondial, l'Organisation mondiale de la santé estime qu'environ une personne sur cent est concernée. Cette estimation donne une idée générale mais elle masque une grande hétérogénéité selon les pays et les études. Aux États-Unis par exemple, les données du CDC publiées en 2023 indiquent qu'un enfant sur 36 reçoit ce diagnostic, soit environ 2,8 % des enfants, un chiffre en hausse constante depuis vingt ans. En Europe, les taux sont un peu plus bas, souvent autour de 1 à 1,5 % selon les pays mais la tendance est la même.

En France, les études sont plus limitées et souvent anciennes. Les chiffres officiels évoquent une prévalence d'environ 1 % mais les associations et plusieurs chercheurs estiment que la réalité est plus proche des chiffres anglo-saxons donc autour de 2 %. La différence ne vient pas d'une particularité française mais du retard pris dans le dépistage, en particulier chez les filles et chez les adultes.

Chez les adultes justement, les estimations sont difficiles à établir. Beaucoup n'ont jamais été diagnostiqués, notamment les femmes qui masquent leurs symptômes. On considère qu'environ 1 % de la population adulte est concernée mais ce chiffre est probablement sous-évalué. Plusieurs travaux publiés après 2020 montrent que lorsqu'on met en place un dépistage systématique dans certaines populations adultes, comme les patients suivis en psychiatrie ou les étudiants à l'université, les taux sont significativement plus élevés que prévu.

> *Dans les pays à haut revenu, où l'accès au diagnostic est facilité, les chiffres sont plus élevés parce que les cas sont mieux identifiés. Dans les pays à faible revenu, beaucoup d'enfants passent sous les radars, faute de professionnels formés et de structures adaptées.*

En résumé

Enfant : estimations entre 1 % et 3 %, selon les pays.

Adulte : chiffre officiel aux USA autour de 2,2 %, mais sans doute sous-estimé partout.

France : entre 1 % et 2 %, soit jusqu'à 700 000 personnes concernées.

2.3 Le diagnostic

› Les classifications internationales

le DSM-5

Ce manuel, qui fait référence dans le monde entier, définit aujourd'hui l'autisme autour d'une dyade, c'est-à-dire deux grands ensembles de signes. Le premier concerne tout **ce qui touche à la communication et aux interactions sociales**. Ce n'est pas seulement la parole mais aussi la manière de se connecter aux autres, de comprendre les sous-entendus, de partager un intérêt ou une émotion. Le second concerne **les comportements et les intérêts restreints ou répétitifs**. Cela inclut des gestes comme battre des mains ou aligner des objets mais aussi des routines rigides, des intérêts très intenses et une relation particulière au monde sensoriel, qu'il s'agisse d'une hypersensibilité ou au contraire d'une relative indifférence.

Ces deux dimensions doivent être présentes, sous une forme ou une autre, pour qu'un diagnostic soit posé. L'une sans l'autre ne suffit pas. Le manuel insiste aussi sur le fait que les signes ne disparaissent pas avec l'âge. Ils peuvent se transformer, se masquer, mais ils sont là dès le développement précoce et accompagnent la personne tout au long de sa vie.

La CIM-11

La CIM-11, qui est la classification internationale des maladies de l'OMS, reprend globalement les mêmes critères que le DSM-5, mais avec un esprit un peu différent. Là où le DSM-5 est très détaillé et pensé pour les cliniciens américains et la recherche, la CIM-11 vise une utilisation mondiale et doit être adaptée à tous les systèmes de santé, y compris là où les moyens sont plus limités.

Elle décrit les mêmes deux grandes dimensions :

1. D'un côté les difficultés de communication et d'interactions sociales,

2. De l'autre les comportements et intérêts restreints et répétitifs.

La différence est surtout dans la formulation, plus claire et plus compatible avec les outils numériques utilisés aujourd'hui pour coder et partager les diagnostics à l'échelle internationale.

En pratique, cela ne change pas radicalement la façon dont on reconnaît l'autisme. Mais selon les pays, certains professionnels se réfèrent plutôt au DSM-5, d'autres à la CIM-11 et cela peut expliquer des nuances dans les diagnostics ou dans les statistiques de prévalence.

Les deux classifications ne se contredisent pas mais parlent de la même dyade, formulé différemment. Au final, sur le terrain, un diagnostic posé avec le DSM-5 ou avec la CIM-11 revient au même. Ce qui change, c'est le cadre dans lequel on travaille. Aux États-Unis et dans la recherche on privilégie le DSM-5, dans les hôpitaux publics et les bases de données internationales on utilise la CIM-11.

› **La triade autistique (approche historique)**

La triade autistique, c'est l'ancienne façon de décrire l'autisme, avant que les chercheurs et les cliniciens ne réorganisent les critères. Elle a marqué toute une époque, parce qu'elle a servi de base pendant des décennies pour comprendre et diagnostiquer. On parlait alors de trois domaines distincts :

1. Les difficultés de communication,
2. Les difficultés dans les interactions sociales
3. Et les comportements répétitifs.

C'était simple, peut-être trop. Mais pour beaucoup de familles et de médecins, cette triade a eu l'avantage de rendre les choses plus claires, trois piliers, trois zones dans lesquelles on pouvait repérer des signes. Un enfant qui ne communiquait pas comme les autres, qui semblait isolé socialement et qui passait ses journées à aligner des objets ou à répéter des gestes, rentrait dans ce cadre.

Avec le temps, les limites de ce modèle sont apparues. Communication et interaction sociale sont en réalité intimement liées, au point qu'il est artificiel de les séparer. Un enfant ne communique pas sans interaction et toute interaction passe par une forme de communication. C'est pour cette raison que le DSM-5 et la CIM-11 ont fusionné ces deux volets pour former une seule grande catégorie, celle des difficultés de communication sociale.

Il reste que la triade autistique garde une valeur historique et pédagogique. Beaucoup de professionnels formés il y a vingt ou trente ans continuent d'y faire référence et de nombreux parents qui ont reçu un diagnostic avant 2013 (date de la sortie du DSM-5) ont entendu parler de cette triade. La comprendre permet de mieux saisir l'évolution de la définition de l'autisme et d'éviter de se perdre entre les anciens et les nouveaux critères.

› Le syndrome d'Asperger : entre histoire et polémique

Pendant longtemps, on a distingué l'autisme dit « classique » du syndrome d'Asperger. Ce dernier décrivait des personnes avec des difficultés sociales et des comportements répétitifs mais sans retard de langage ni déficience intellectuelle.

Mais en 2013, avec le DSM-5, le terme a été abandonné. Il a été englobé dans la grande catégorie des troubles du spectre autistique, justement parce que la frontière entre « autisme » et « Asperger » était floue. Scientifiquement rien ne permettait de séparer nettement les deux. Pourtant, dans la vie réelle, beaucoup de personnes continuent de se définir comme « Aspies », parfois parce que ce mot leur a donné une identité, une reconnaissance, peut-être une fierté.

C'est là que la polémique surgit. Hans Asperger, le médecin autrichien qui a décrit le syndrome en 1944, travaillait dans la Vienne nazie. Des recherches publiées en 2018 ont montré qu'il a collaboré avec le régime, validant l'envoi d'enfants handicapés vers le tristement célèbre hôpital Am Spiegelgrund, où ils ont été victimes du programme d'euthanasie. Dire cela ne veut pas dire que tout son travail scientifique doit être jeté à la poubelle mais cela oblige à demander si on continue à utiliser son nom pour désigner une partie de la communauté autistique.

Certaines personnes autistes militent pour bannir complètement le terme, parce qu'il rappelle une histoire sombre et qu'il est associé à un homme qui a participé à des crimes. D'autres, au contraire, défendent son usage, parce que « Asperger » est devenu plus qu'un mot médical, c'est aussi une identité culturelle, un drapeau qu'elles ont adopté bien avant de connaître l'histoire de Hans Asperger.

Il faut donc rappeler les faits. Oui, Hans Asperger a bien collaboré avec le régime nazi. Non, il n'a pas « sauvé » les enfants autistes comme certains articles de vulgarisation le laissent entendre. Mais oui aussi, le terme a été récupéré et transformé par des personnes autistes elles-mêmes, qui l'ont chargé d'un sens nouveau, plus positif.

C'est un sujet sensible, parce qu'il touche à l'histoire, à la mémoire et à l'identité. Le minimum, c'est que chacun sache d'où vient ce mot et puisse décider en connaissance de cause de l'utiliser ou non. Aujourd'hui, la terminologie officielle parle de spectre autistique.

Dans mon propre parcours, le mot « Asperger » n'a été utilisé par le CRA qui m'a diagnostiquée uniquement pour me préciser que je suis « autiste de haut niveau non Asperger », parce que je n'ai pas eu un langage parlé suffisamment développé dans l'enfance. C'est une nuance qui peut sembler technique mais qui change tout parce que si je parle aujourd'hui sans difficulté, ça n'efface pas les retards de départ. Et ça montre bien que ces étiquettes sont parfois arbitraires. Deux personnes avec des profils très proches pouvaient recevoir deux diagnostics différents, simplement parce que l'une parlait un peu plus tôt que l'autre.

C'est là que je comprends la décision de supprimer le terme « Asperger » dans les classifications actuelles. Au-delà de la polémique du nazisme, il y avait surtout un problème de clarté. On avait créé une catégorie à part, qui a rendu service à certains mais qui a aussi laissé croire que les autres autistes étaient « différents » ou « moins capables ».

En parlant d'« autiste de haut niveau », ça me rappelle une scène qui n'a pas été la seule du genre. Juste après mon diagnostic, une collègue m'a demandé « autiste quoi ? ». Le temps que je comprenne sa question, mes yeux sont partis en mode nystagmus – ce mouvement rapide et involontaire de gauche à droite quand je réfléchis trop – et j'ai fini par répondre « autiste de haut niveau ». Elle est restée interloquée. Plus tard, elle m'a confié qu'elle avait cru que « haut niveau » voulait dire « hautement autiste ». Ce malentendu est courant. Contrairement à ce que beaucoup pensent, « haut niveau » ne veut pas dire « haut QI » ou « très autiste ». Cela signifie simplement que la personne a acquis le langage parlé.

› Les critères en pratique

Chez l'enfant

Quand on regarde les enfants, les signes apparaissent très tôt même si beaucoup passent inaperçus ou sont pris pour du « caractère ». La communication peut être en décalage, certains parlent très tard, d'autres parlent très tôt mais avec un langage étrange, trop adulte ou très répétitif. Les interactions sociales sont souvent compliquées. L'enfant peut jouer à côté des autres sans vraiment jouer avec eux, refuser d'être touché ou au contraire être trop envahissant sans comprendre pourquoi ses camarades s'éloignent. Dans la cour, on remarque souvent qu'il reste seul, qu'il tourne en rond ou qu'il se fixe sur une activité précise. Les comportements répétitifs et les routines rassurent, aligner des objets, répéter un geste, vouloir que tout se passe toujours de la même façon. Le moindre changement peut déclencher une crise qui semble disproportionnée mais qui, en réalité, reflète une détresse profonde. Les particularités sensorielles sont omniprésentes comme un bruit de perceuse ou la lumière d'un néon peut être vécu comme une agression physique. À l'inverse, certains enfants paraissent « insensibles », par exemple au froid ou à la douleur. Enfin, les intérêts spécifiques apparaissent très tôt, certains connaissent par cœur les horaires des bus, d'autres se passionnent pour les planètes ou les dinosaures. Ces passions sont souvent intenses et exclusives, parfois perçues comme envahissantes par l'entourage.

(Moi c'était les plaques d'immatriculations, les numéros de téléphone et plus tard les département Français)

Chez l'adulte

À l'âge adulte, le langage peut être fluide mais les nuances sociales restent difficiles. Comprendre une ironie, un sous-entendu, ou capter quand une conversation se termine peut être compliqué. Le contact visuel, les codes implicites, les règles tacites des relations professionnelles ou amicales demandent un effort conscient. Beaucoup d'adultes ont appris à « masquer » en imitant les mimiques, préparer à l'avance des phrases toutes faites, sourire quand il faut sourire. Mais cela est épuisant, derrière une façade qui paraît adaptée se cachent souvent des heures de récupération en solitude, des burn-out sociaux ou professionnels. Les comportements répétitifs persistent mais prennent une autre forme, vérifier vingt fois une porte, refaire un trajet toujours identique, structurer sa journée autour de routines. Les intérêts spécifiques restent là aussi, parfois devenus des compétences professionnelles. Quant aux particularités sensorielles, elles sont toujours présentes. Un open-space bruyant, une odeur trop forte dans les transports, un tissu qui gratte suffisent à déclencher une angoisse intense. La différence avec l'enfant c'est que l'adulte sait souvent mieux cacher ses réactions mais au prix d'une grande fatigue.

› Le contexte français pour un diagnostic

En France, la référence pour obtenir un diagnostic officiel, ce sont les Centres Ressources Autisme (CRA). Chaque région en a un, mais il faut être prêt à attendre, parfois deux ou trois ans, avant d'obtenir une place. Pour un adulte, cette attente peut sembler encore plus insupportable que pour un enfant, parce qu'on a déjà passé des décennies sans explication claire sur son fonctionnement. Beaucoup arrivent au CRA après avoir erré d'un psy à l'autre, parfois avec de mauvais diagnostics et se retrouvent à patienter encore comme si le temps n'avait pas déjà été assez long.

Les délais ne sont pas les mêmes partout. Vivre en milieu rural peut rendre l'accès encore plus compliqué avec des trajets interminables pour un seul rendez-vous. En ville, les distances sont plus courtes mais les listes d'attente sont bondées, ce qui revient presque au même. Ce qu'on appelle "déserts médicaux" touche aussi bien les petites villes isolées que les grandes métropoles saturées.

Le passage en CRA n'est pas une simple consultation mais une démarche en plusieurs étapes. On rencontre différents spécialistes qui évaluent chacun une partie du profil. Le psychiatre explore les antécédents et cherche à éliminer d'autres pistes possibles. Le neuropsychologue propose des tests cognitifs pour mesurer la mémoire, la logique, le QI et voir comment le cerveau traite les informations. L'orthophoniste s'intéresse au langage, pas seulement aux mots qu'on prononce mais aussi à la façon dont on comprend les nuances, les sous-entendus. L'ergothérapeute, lui, évalue les aspects sensoriels et moteurs, comme la coordination ou les réactions aux stimuli. Chacun apporte une pièce du puzzle et à la fin l'équipe se réunit pour confronter les résultats et décider si le diagnostic d'autisme est confirmé.

C'est cette pluridisciplinarité qui fait la force des CRA mais c'est aussi ce qui allonge les délais, parce qu'il faut coordonner tous ces intervenants. Et pour les adultes, cela ajoute une difficulté supplémentaire, certains tests ou mises en situation ont été pensés à l'origine pour les enfants, ce qui rend l'expérience parfois étrange, voire humiliante. Pourtant, ce passage reste incontournable pour avoir un dossier solide et reconnu.

Comment se déroule un diagnostic ?

Quand on franchit pour la première fois la porte d'un CRA, on ne sait pas toujours à quoi s'attendre. Le parcours est long et il ressemble rarement à ce que l'on imagine. Le premier rendez-vous se fait souvent avec un-e psychiatre et l'expérience est parfois déconcertante. Au lieu de parler directement d'autisme, il-elle cherche d'abord à écarter d'autres pistes. Dépression, anxiété, troubles de la personnalité, parfois même un « simple » stress chronique. Il-Elle pose des dizaines de questions, insiste sur l'historique médical et familial et note tout. Pour beaucoup d'adultes qui arrivent là après un long parcours, ce premier entretien peut donner l'impression qu'on remet encore une fois en doute ce qu'ils ressentent mais il fait partie de la procédure pour éliminer d'autres diagnostics avant de creuser plus loin.

Ensuite vient la visite médicale. Rien de bien spectaculaire mais nécessaire. On vérifie la vue, l'audition, la motricité, les réflexes. Le but n'est pas seulement de s'assurer que tout va bien physiquement mais aussi de voir si certains symptômes pourraient s'expliquer par une cause médicale ignorée jusque-là. Une perte auditive par exemple peut expliquer des difficultés de communication et il faut que ce soit distingué d'un trait autistique.

Puis commencent les tests neuropsychologiques. Là, les batteries sont longues. On explore la mémoire de travail, la logique, la vitesse de traitement de l'information, parfois le QI avec des épreuves inspirées du WISC ou du WAIS selon l'âge. On vous demande de mémoriser des suites de chiffres, de compléter des matrices logiques, de reproduire des figures géométriques complexes. Ces exercices, qui semblent parfois éloignés du quotidien, donnent pourtant une image précise du fonctionnement cognitif.

Vient ensuite le test des habiletés sociales. Une série d'images vous est montrée, avec des personnages qui expriment des émotions. À vous de dire si la personne est triste, joyeuse, en colère. Cela paraît simple mais pour beaucoup d'adultes autistes, ce n'est pas si évident, les expressions peuvent sembler ambiguës, artificielles ou prêter à confusion. Après cela, on peut vous demander d'inventer une petite histoire à partir d'une image. Là encore, c'est un exercice qui paraît enfantin mais il sert à évaluer la créativité, la capacité à structurer un récit et la manière d'intégrer des éléments sociaux dans une narration.

L'ergothérapeute intervient aussi dans le parcours. Il s'agit souvent de dessiner des formes, de reproduire des modèles, de tester la motricité fine et la coordination. Cela peut sembler secondaire mais les troubles de la motricité et de l'organisation spatiale sont fréquents chez les personnes autistes, ces tests permettent de les mettre en évidence.

Et puis arrive l'**ADOS**. Pour les adultes, c'est parfois une expérience absurde, presque humiliante, car l'outil a été conçu à la base pour les enfants. On vous propose de raconter une histoire avec des images, de manipuler des objets ou de réagir à des petites mises en scène. Beaucoup d'adultes se sentent ridicules à ce moment-là mais c'est un passage obligé. Ce que les cliniciens observent ce n'est pas l'histoire elle-même mais la manière dont on la raconte, les détails qu'on remarque, les émotions qu'on exprime ou pas.

Ce parcours peut se faire sur plusieurs mois, avec des allers-retours entre différents spécialistes, psychiatre, psychologue, orthophoniste, ergothérapeute, parfois neurologue. Chaque professionnel apporte une pièce du puzzle et c'est seulement à la fin que l'équipe se réunit pour croiser les résultats et rendre un diagnostic.

Mon parcours personnel
vers le diagnostic

Tout a commencé avec une phase classique, j'ai tapé mes symptômes dans Google et me perdre sur des sites spécialisés puis dans des groupes Facebook où chacun semblait avoir un doctorat en autisme autoproclamé. Au bout d'un moment, je me suis dit qu'il fallait arrêter de jouer au détective amateur et aller voir les vrais professionnels. Direction les psychiatres.

Ma première rencontre reste gravée. J'explique calmement mes symptômes, mon quotidien, mes difficultés. Le monsieur m'écoute deux minutes, puis me coupe : « *Non, vous me regardez dans les yeux, vous vivez en couple et vous avez des enfants, donc vous n'êtes pas autiste.* » Voilà. Diagnostic éclair. J'étais censée rentrer chez moi rassurée, sans doute. Sauf que moi, j'étais surtout sidérée par la bêtise de la conclusion.

Je ne me démonte pas et j'essaie un deuxième psychiatre. Cette fois, on atteint des sommets. Après avoir vaguement écouté, il me sort : « *Madame, vous avez un problème avec les femmes, allez travailler, gagnez de l'argent et revenez me voir pour une psychothérapie.* » Je suis sortie de son cabinet en me demandant si je venais de voir un psychiatre ou un coach de vie version années 50.

Troisième tentative : silence radio.

Pas de réponse au téléphone, pas de réponse aux mails. On ne saura jamais s'il avait un trop-plein de patients ou juste un trop-plein de flemme.

Autant dire qu'à ce stade, j'étais désespérée. C'est mon médecin traitant qui a sauvé les meubles. Lui, il me connaissait, il suivait déjà mes épisodes dépressifs, il savait que je n'étais pas du genre à inventer des histoires pour occuper mes soirées. Il a pris ma demande au sérieux et m'a orientée vers le CMP. Et là, miracle ! un psychiatre qui écoute. Probablement parce que j'avais un courrier béton de mon médecin, mais peu importe, j'ai enfin eu quelqu'un qui ne m'a pas balayée d'un revers de main. Il a ensuite transmis mon dossier au CRA.

Alors le CRA... je l'ai dit et peut-être même redis, il faut être patient. Très patient. J'ai envoyé mon dossier en mars 2016 et j'ai eu mon premier rendez-vous en novembre. Entre-temps, j'ai écrit un mail aussi long qu'un roman de Tolstoï pour décrire mes symptômes. C'est peut-être ça qui a fini par attirer leur attention.

Le jour du premier rendez-vous, j'ai rencontré une psychiatre spécialisée. Elle a cherché à vérifier si ce que je décrivais n'était pas plutôt une bipolarité. C'était méthodique mais pas désagréable. Puis sont venus les autres rendez-vous.

L'ergothérapeute m'a demandé de dessiner des formes. J'ai eu l'impression d'être en maternelle mais j'ai joué le jeu. Ensuite, la psychologue m'a fait passer toute une batterie de tests : mémoire, logique, QI, test des habilités sociales où on me montre des photos de personnages et je dois dire s'ils sont tristes, joyeux, en colère. Comme si la vie réelle se résumait à ça. Après ça, on m'a demandé d'inventer une histoire à partir d'une image. Je crois que c'est là que j'ai perdu patience. Et puis, le clou du spectacle, l'ADOS. Franchement, passer ce test à quarante ans, c'est ridicule. On essaie de me faire parler, de me lancer sur des conversations artificielles, et moi, j'ai l'impression d'être notée comme à l'école. J'ai compris qu'elle attendait que je meuble mais je n'avais rien d'intelligent à dire. Ce fut la partie la plus gênante de tout le parcours.

Un an plus tard, j'ai eu la restitution. Toute l'équipe pluridisciplinaire alignée comme un jury de concours. Chacun lisait son petit rapport, et au bout, le verdict est tombé. TSA non Asperger, parce que je n'avais pas développé le langage parlé de manière précoce, associé à un TDA/H et une anxiété chronique. Je suis sortie avec... un post-it. Deux coordonnées griffonnées. Et c'est tout. Pas de suivi, pas de conseils, juste ce mot qui mettait enfin du sens sur ma vie.

Le suivi psychiatrique au CMP s'est résumé à renouveler mes anxiolytiques. Rien de plus. Alors j'ai laissé tomber et je suis revenue à mon médecin de famille, le seul qui me prenait vraiment en compte.

J'ai ensuite monté un dossier MDPH, avec tout ce que ça implique d'attente et de paperasse. Et là, surprise, le médecin conseil de l'Assurance Maladie s'est révélé lui-même autiste. Autant dire que pour une fois, l'entretien a été simple et fluide. Comme quoi, le hasard fait parfois bien les choses.

Ce parcours a été long, frustrant, souvent décourageant. Mais il m'a menée à une meilleure compréhension de moi-même. Si je devais donner un seul conseil, ce serait celui-ci : **accrochez-vous à votre intuition**. Même si trois psychiatres vous disent non, même si l'attente vous use, même si les tests vous paraissent absurdes. Si vous sentez que quelque chose cloche, c'est qu'il y a quelque chose. Et au bout, la reconnaissance, même maladroite, change tout.

Depuis la version 1 de ce livre, ma vie a encore basculé. J'ai enfin répondu à la question : *et maintenant je fais quoi ?*

J'ai arrêté tous les médicaments parce qu'ils m'aplatissaient plus qu'ils ne m'aidaient. À la place, j'ai supprimé les sources de stress qui me détruisaient à petit feu. Ce n'est pas un conseil que je donne, chacun fait comme il peut, mais moi j'ai toujours eu ce côté un peu radical où j'écroule tout pour voir autre chose se construire.

J'ai changé de métier. J'ai déménagé dans la Creuse. Je passe mes journées en pyjama et ça me va très bien. Ça fait sourire certains, mais pour moi c'est ça, vivre. Je ne voulais plus me droguer légalement avec des anxiolytiques et antidépresseurs pour survivre comme la société dit qu'il faut vivre. Bref, j'ai fait un gros F*** à toutes ces injonctions.

La coexistence TDA/H & TSA

C'est quoi ce bazar ?

—

Nous voilà au cœur du sujet de ce livre, on a longtemps parlé du TDA/H et de l'autisme comme s'il s'agissait de deux univers complètement séparés, chacun avec ses règles, ses symptômes et ses prises en charge. Dans la vraie vie, ce n'est pas du tout comme ça. Les deux se croisent bien plus souvent qu'on ne l'imagine. Beaucoup de personnes autistes découvrent qu'elles ont aussi un TDA/H, et inversement, des personnes diagnostiquées TDA/H réalisent qu'elles présentent aussi des traits autistiques. Les chercheurs confirment aujourd'hui ce que les concernés savaient déjà depuis longtemps, à savoir que ces deux réalités se superposent dans le quotidien et créent un profil encore plus complexe à cerner.

Quand on regarde les chiffres, on comprend vite que la coexistence n'est pas l'exception mais presque la règle. Environ une personne autiste sur deux présente aussi des symptômes de TDA/H, ce qui est énorme si l'on compare avec la population générale où le TDA/H touche à peine 5 à 7 % des gens. L'inverse existe aussi. Entre 20 et 30 % des enfants diagnostiqués TDA/H montrent des signes autistiques alors que la prévalence habituelle de l'autisme tourne autour de 1 % dans la population générale.

Autrement dit, dans l'autisme, près de la moitié des personnes concernées vivent aussi avec un TDA/H, et dans le TDA/H, environ une personne sur cinq vit aussi avec un profil autistique. Cela montre à quel point la frontière entre les deux est poreuse. Avoir l'un n'exclut jamais l'autre et c'est précisément ce qui rend le diagnostic et l'accompagnement encore plus complexes.

La cohabitation entre TDA/H et autisme est sans doute la plus connue et la plus étudiée mais elle n'est pas la seule. En réalité, les comorbidités sont nombreuses. Quand on lit des témoignages ou qu'on regarde les études, on se rend vite compte qu'il est rare qu'une personne autiste ou TDA/H n'ait « que ça ». L'image d'un diagnostic isolé correspond rarement à la réalité.

On retrouve très fréquemment des troubles anxieux qui peuvent aller de l'anxiété généralisée aux phobies sociales. La dépression est aussi une compagne régulière, souvent liée à l'épuisement accumulé et aux difficultés d'adaptation à un environnement qui ne nous correspond pas. Les troubles du sommeil font aussi partie du tableau, parfois dès l'enfance, avec des insomnies chroniques ou des rythmes complètement décalés. D'autres personnes présentent des troubles alimentaires, qui peuvent aller de l'hyperphagie à l'anorexie, souvent liés aux particularités sensorielles ou à la recherche de contrôle.

Il existe aussi des liens documentés avec l'épilepsie, les migraines chroniques et plus largement avec les troubles somatiques qui touchent le système digestif, immunitaire ou encore la proprioception. Dans certains cas, le Haut Potentiel Intellectuel (HPI) vient s'ajouter, ce qui change encore la manière dont les symptômes s'expriment et compliquent le diagnostic.

Les autres comorbidités

| | TSA | | TDA/H | |
	Adultes	Enfants	Adultes	Enfants
Troubles anxieux	84%	40 à 60%	47%	39%
Troubles dépressifs	26%	20 à 30%	16.6% à 53.3%	18.9%
Troubles du sommeil	50 à 80%		25 à 50%	
Epilepsie	20 à 35%	20 à 30%	20%	30 à 40%
Troubles gastro-intestinaux	85%		40%	
Troubles de l'alimentation	20 à 30%	25 à 30%		
Troubles du langage et de la communication	75%			12%
Trouble Oppositionnel avec Provocation (TOP)				40 à 60%
Troubles des conduites		25 à 30%		25%
Troubles de l'apprentissage (Dys)		20 à 30%	14%	20 à 30%
Trouble bipolaire	10%	7 à 27%	4.8 à 47.1%	20%

Quand on prend le temps de lire le tableau ci-dessus, on se rend vite compte que l'anxiété n'est jamais bien loin, qu'elle s'installe très tôt et finit par devenir un fil rouge de la vie quotidienne. Cette tension permanente ouvre souvent la voie à la dépression, qui, même si les études en donnent des chiffres différents, reste une compagne régulière, parfois tapie dans l'ombre, parfois écrasante. Et ce duo anxiété-dépression trouve un allié redoutable dans le sommeil, qui ne suit pas, qui se dérègle, qui s'épuise. Les nuits agitées ou trop courtes entretiennent un cercle vicieux où la fatigue rend tout plus difficile et où chaque effort coûte davantage.

Dans ce contexte d'usure, l'épilepsie prend une place importante. Lorsqu'elle se montre résistante aux traitements, elle ajoute une lourdeur supplémentaire, une contrainte de plus sur un quotidien déjà fragilisé. Mais le corps ne se limite pas à ces crises visibles, il parle aussi à travers le ventre. Les troubles digestifs, souvent relégués au second plan, occupent en réalité une place énorme. Vivre avec des douleurs chroniques, des intolérances, un inconfort permanent, ce n'est pas seulement supporter un malaise physique, c'est perdre une part d'énergie vitale et voir l'équilibre mental vaciller.

Et parce que le quotidien ne se joue pas seulement dans le corps mais aussi dans la relation aux autres et aux apprentissages, les difficultés de langage et de communication continuent de marquer les trajectoires, parfois dès l'enfance et bien au-delà. Elles s'accompagnent souvent de troubles comme la dyslexie ou la dyscalculie qui compliquent les parcours scolaires, et chez les enfants de comportements oppositionnels ou provocateurs qui surgissent comme une réponse à un monde trop exigeant ou incompréhensible.

À tout cela peuvent s'ajouter des comorbidités plus lourdes, comme le trouble bipolaire, difficiles à identifier tant les symptômes se recouvrent, tant les diagnostics restent incertains.

La cohabitation

> **Exemples des symptômes qui peuvent exacerber ou masquer l'un des deux troubles**

Quand le TDA/H et le TSA coexistent, certains symptômes se renforcent mutuellement, tandis que d'autres se recouvrent et donnent une image trompeuse. C'est ce double jeu — exacerbation d'un côté, masquage de l'autre — qui rend le diagnostic si complexe.

Inattention (TDA/H) et comportements répétitifs (TSA)

- **Exacerbe** : la difficulté à rester concentré peut être amplifiée par des gestes répétitifs comme se balancer, tapoter ou manipuler des objets. Dans un contexte scolaire ou professionnel, cela accentue l'impression de dispersion.

- **Masque** : de l'extérieur, ces comportements peuvent être pris pour de la simple agitation, ce qui relègue au second plan les problèmes d'attention.

Hyperactivité (TDA/H) et sensibilité sensorielle (TSA)

Exacerbe : l'agitation motrice ou mentale renforce la difficulté à tolérer les bruits, les lumières ou les odeurs. Un open space ou une salle de classe deviennent alors des environnements explosifs.

Masque : les réactions de panique ou de fuite face à un stimulus sensoriel sont parfois interprétées comme de l'hyperactivité, ce qui fausse la compréhension du vécu sensoriel.

Impulsivité (TDA/H) et difficultés de communication (TSA)

- **Exacerbe** : répondre trop vite, couper la parole ou réagir sans filtre complique encore la compréhension déjà fragile des règles sociales implicites.

- **Masque** : ces comportements peuvent être mis uniquement sur le compte de l'autisme, comme si tout relevait d'un déficit de communication, alors qu'il y a aussi une impulsivité spécifique au TDA/H.

Problèmes d'attention (TDA/H) et routines rigides (TSA)

- **Exacerbe** : vouloir absolument respecter un emploi du temps ou une procédure stricte tout en oubliant des étapes ou en perdant le fil accroît l'anxiété et la frustration.

- **Masque** : l'insistance sur les routines peut donner une impression de rigueur et de maîtrise, ce qui cache les difficultés d'attention qui se jouent en arrière-plan.

Régulation émotionnelle (TDA/H et TSA)

- **Exacerbe** : l'impulsivité émotionnelle du TDA/H et la difficulté à décoder ou exprimer les émotions du TSA s'additionnent, rendant les crises plus intenses et plus fréquentes, que ce soit à la maison, à l'école ou au travail.

- **Masque** : ces débordements émotionnels sont parfois attribués exclusivement à l'autisme ou au TDA/H, ce qui empêche de saisir la complexité de leur combinaison.

La variabilité des manifestations à travers l'âge complique encore le diagnostic. Chez l'enfant, ces confusions conduisent souvent à un premier diagnostic de TDA/H avant que l'autisme ne soit reconnu. Chez l'adulte, c'est parfois l'inverse, avec un TSA diagnostiqué alors qu'un TDA/H reste sous-jacent. Dans les deux cas, ce ne sont pas forcément des erreurs grossières mais le reflet de symptômes qui s'exacerbent ou se masquent mutuellement, selon le moment de la vie et le contexte d'évaluation.

Quand les symptômes se brouillent, quelles pistes thérapeutiques ?

Cette superposition de signes, tantôt aggravés, tantôt masqués, montre à quel point la coexistence du TDA/H et du TSA complique la vie quotidienne et le diagnostic. C'est aussi ce qui explique pourquoi les approches thérapeutiques doivent être pensées de manière adaptée et multidimensionnelle.

La Thérapie Cognitivo-Comportementale (TCC)

Il s'agit d'une forme de psychothérapie qui vise à modifier les schémas de pensée négatifs et les comportements inadaptés.

Elle est fondée sur l'idée que nos pensées, nos émotions et nos comportements sont interconnectés et que changer les pensées négatives peut entraîner des changements positifs dans les émotions et les comportements. La TCC est structurée et orientée vers des objectifs spécifiques avec une durée limitée dans le temps. Il s'agit d'une thérapie brève qui utilise une variété de techniques, y compris la restructuration cognitive, l'exposition graduelle aux situations anxiogènes et les exercices comportementaux.

Ses principaux objectifs sont de réduire les symptômes en modifiant les pensées et les comportements. Pour le TDA/H, la TCC aide les personnes à développer des compétences d'organisation, à gérer le temps et à améliorer la concentration. Pour le TSA, elle peut aider à réduire l'anxiété sociale, à améliorer les compétences de communication et à diminuer les comportements répétitifs. En modifiant les schémas de pensée négatifs, les patients peuvent mieux gérer leurs émotions et réagir de manière plus adaptative aux situations stressantes.

Bien que la TCC soit généralement bien tolérée et efficace, elle peut parfois entraîner des effets désagréables comme un inconfort émotionnel temporaire, surtout lorsque les patients confrontent des pensées ou des situations anxiogènes pendant les séances

La fatigue peut également survenir en raison de l'intensité des séances et du travail émotionnel impliqué. Ces effets diminuent à mesure que le patient progresse dans la thérapie et apprend de nouvelles compétences de gestion.

La Thérapie d'Acceptation et d'Engagement (ACT)

Il s'agit d'une approche psychothérapeutique qui utilise des stratégies de pleine conscience pour aider les personnes à accepter leurs pensées et émotions sans jugement. L'ACT encourage les patients à observer leurs expériences internes de manière détachée et à s'engager dans des actions qui sont en accord avec leurs valeurs personnelles. Plutôt que de lutter contre les pensées et émotions négatives, l'ACT propose de les accepter comme faisant partie de l'expérience humaine, permettant ainsi de vivre de manière plus authentique et alignée avec les objectifs de vie de chacun.

Ses principaux objectifs sont d'augmenter la flexibilité psychologique et d'améliorer la qualité de vie. La flexibilité psychologique se réfère à la capacité de rester en contact avec le moment présent, même en présence de pensées et d'émotions difficiles, et de s'engager dans des actions qui sont cohérentes avec ses valeurs personnelles. En développant cette flexibilité, il est plus facile de gérer le stress, l'anxiété et d'autres défis émotionnels et ainsi vivre une vie plus épanouie et significative. L'ACT vise également à aider à clarifier ses valeurs, à définir des objectifs personnels et à prendre des mesures concrètes pour les atteindre.

Tout comme la TCC, l'ACT peut également entraîner des effets secondaires potentiels. Les personnes peuvent ressentir un inconfort émotionnel lorsqu'elles explorent des pensées et des émotions difficiles.

Ce processus d'acceptation peut être perturbant et exigeant, car il demande de confronter des aspects de notre expérience interne que nous avons peut-être évité ou supprimé pendant longtemps. Cet inconfort est temporaire et fait partie intégrante du processus thérapeutique, conduisant à une meilleure résilience émotionnelle et à une plus grande capacité à vivre en accord avec ses valeurs.

La Thérapie Comportementale Dialectique (TCD)

Il s'agit d'une approche intégrative qui combine des techniques de thérapies comportementales, cognitives et de pleine conscience. Elle est conçue pour aider les individus à gérer des émotions intenses et à réduire les comportements impulsifs. La TCD se concentre sur l'équilibre entre l'acceptation de soi et le changement. Les patients apprennent à reconnaître et à accepter leurs émotions tout en développant des compétences pour modifier les comportements destructeurs.

Ses principaux objectifs sont de réguler les émotions, de réduire les comportements autodestructeurs et d'améliorer les relations interpersonnelles. La TCD vise à :

- Aider les patients à comprendre et à gérer leurs émotions intenses de manière plus efficace.

- Diminuer les comportements impulsifs et autodestructeurs en développant des compétences d'adaptation et de résolution de problèmes.

- Renforcer les compétences interpersonnelles pour améliorer la communication et les relations avec les autres.

Les patients peuvent éprouver une intensité émotionnelle pendant les séances car ils explorent des émotions profondes et difficiles. La thérapie peut également causer de la fatigue mentale en raison de l'effort nécessaire pour acquérir et pratiquer de nouvelles compétences.

La Thérapie Familiale

Comme son nom l'indique, il s'agit d'une approche thérapeutique qui implique le travail avec les membres de la famille pour améliorer la communication et résoudre les conflits. Cette forme de thérapie reconnaît que les problèmes individuels peuvent être étroitement liés aux dynamiques familiales et vise à aborder ces problèmes de manière holistique. En réunissant les membres de la famille, la thérapie familiale aide à identifier et à changer les interactions dysfonctionnelles, à renforcer les relations et à promouvoir une compréhension mutuelle.

Les principaux objectifs de cette thérapie sont de soutenir les dynamiques familiales positives et de réduire les comportements problématiques.

Elle vise à :

- Faciliter un dialogue ouvert et honnête entre les membres de la famille, permettant ainsi une meilleure compréhension des sentiments et des perspectives de chacun.

- Identifier les sources de tension et de conflit au sein de la famille et développer des stratégies pour les résoudre de manière constructive.

- Promouvoir des relations plus solides et plus saines en aidant les membres de la famille à se soutenir mutuellement.

- Diminuer les comportements dysfonctionnels ou destructeurs en changeant les dynamiques familiales qui les maintiennent.

Les patients peuvent éprouver des tensions familiales initiales car la thérapie met en lumière des conflits et des problèmes latents. La résistance au changement est également courante, certains membres de la famille peuvent avoir du mal à accepter et à adopter de nouvelles façons d'interagir.

Thérapie Occupationnelle

Cette thérapie utilise des activités spécifiques pour aider les personnes à développer les compétences nécessaires à la vie quotidienne et scolaire. Les activités sont soigneusement choisies et adaptées pour améliorer les capacités motrices, cognitives et sensorielles des patients. Les thérapeutes occupationnels travaillent en étroite collaboration avec les patients pour identifier les objectifs personnels et élaborer des plans d'intervention personnalisés.

L'un des principaux objectifs est d'améliorer l'autonomie. Les thérapeutes travaillent avec les patients pour développer des compétences essentielles à la vie quotidienne. Cela inclut des activités telles que l'hygiène personnelle, la préparation des repas, la gestion des finances et d'autres tâches domestiques. En aidant les patients à devenir plus indépendants dans ces domaines, la thérapie occupationnelle contribue à renforcer leur confiance en eux et leur capacité à mener une vie plus autonome et satisfaisante.

Un autre objectif est de développer les compétences fonctionnelles nécessaires pour réussir à l'école, au travail et dans les interactions sociales. Les activités sont conçues pour améliorer la motricité fine, la planification, l'organisation, et d'autres compétences cognitives et physiques. Par exemple, un thérapeute peut aider un patient à améliorer son écriture, à mieux gérer son temps ou à développer des stratégies pour accomplir des tâches complexes. Ces compétences sont essentielles pour permettre de fonctionner efficacement dans divers contextes et de répondre aux exigences de la vie quotidienne et professionnelle.

Enfin, la thérapie occupationnelle vise à augmenter la qualité de vie des patients en améliorant leur participation à des activités significatives et valorisantes en travaillant sur des activités qui sont importantes pour eux. Les thérapeutes peuvent aider à redonner un sens et une satisfaction à leur vie. Que ce soit en développant des hobbies, en facilitant la participation à des activités sociales ou en aidant à atteindre des objectifs personnels, la thérapie occupationnelle est importante dans l'amélioration du bien-être général des patients.

Ces objectifs, bien que variés, se rejoignent dans leur mission commune de permettre aux personnes de vivre de manière plus autonome, fonctionnelle et épanouie.

Entraînement aux compétences sociales

Ces programmes utilisent diverses méthodes, telles que des jeux de rôle, des simulations, des discussions dirigées et des exercices pratiques, pour enseigner des compétences spécifiques comme la communication verbale et non verbale, la résolution de conflits, la prise de perspective et l'empathie. L'objectif est de fournir aux participants les outils et les techniques nécessaires pour interagir de manière plus efficace et appropriée dans divers contextes sociaux.

En participant à ces programmes, il devient possible d'apprendre à interpréter et à répondre adéquatement aux signaux sociaux, à initier et à maintenir des conversations et à établir et entretenir des relations positives. Le développement de ces compétences permet d'avancer plus facilement dans les interactions sociales, d'améliorer les relations interpersonnelles et de réduire l'isolement social.

Les participants peuvent ressentir une anxiété sociale temporaire en raison de la nature interactive des exercices et des jeux de rôle. Cette anxiété peut être liée à la peur de l'échec ou à l'inconfort de se mettre en situation devant les autres. De plus, la frustration peut survenir si les participants rencontrent des difficultés à maîtriser certaines compétences ou à appliquer les techniques apprises dans des situations réelles.

Les défis & les forces

Dans ce chapitre, certaines définitions ou explications vont revenir. Je l'assume volontairement, parce que si vous choisissez de commencer votre lecture ici, je ne veux pas que vous ayez l'impression de manquer des clés déjà données ailleurs. Mieux vaut répéter que laisser des zones floues.

Comment cela fonctionne ?

Tout d'abord, voici les principales régions du cerveau concernées par le TDA/H et le TSA déjà énumérées dans chacun des chapitres les concernant, ainsi que les impacts comportementaux et cognitifs associés à ces troubles dans ces différentes régions cérébrales.

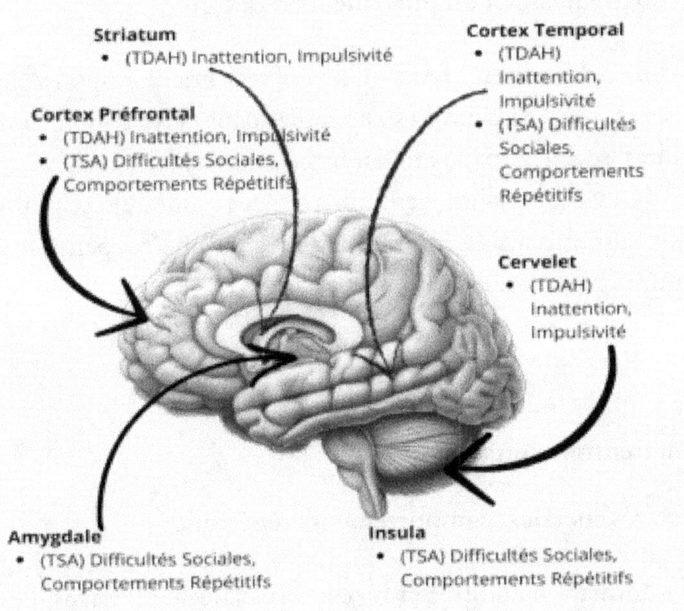

> **Le cortex préfrontal**

- **(TDA/H) Inattention, impulsivité**

- **(TSA) Difficultés sociales, comportements répétitifs**

Cette région est impliquée dans la planification, le contrôle des impulsions et les fonctions exécutives. Les anomalies dans cette zone sont liées à l'inattention et à l'impulsivité chez les individus ayant un TDA/H. Pour le TSA, le cortex préfrontal est associé aux difficultés sociales et aux comportements répétitifs.

> **L'amygdale**

- **(TSA) Difficultés sociales, comportements répétitifs**

Située profondément dans le cerveau, l'Amygdale est l'essentielle responsable des émotions et de la réponse à la peur. Les anomalies dans cette région sont associées aux difficultés sociales et aux comportements répétitifs chez les personnes autistes. Ces anomalies entraînent des difficultés dans l'interprétation des signaux sociaux et émotionnels ainsi qu'une propension à des actions et des routines répétitives.

> **Cortex temporal**

- **(TDA/H) Inattention, impulsivité**

- **(TSA) Difficultés sociales, comportements répétitifs.**

Cette région traite l'information auditive et la reconnaissance des visages. Les anomalies du cortex temporal contribuent à l'inattention et à l'impulsivité ainsi qu'aux difficultés sociales et aux comportements répétitifs.

> **Le cervelet**

- **(TDA/H) Inattention, impulsivité**

Le cervelet est principalement responsable de la coordination motrice. Les anomalies dans cette région sont souvent liées à l'inattention et à l'impulsivité.

> **Le striatum**

● (TDA/H) Inattention, impulsivité

Cette structure joue un rôle dans la modulation des mouvements et des comportements impulsifs. Les anomalies dans le striatum sont associées à l'inattention et à l'impulsivité.

> **L'insula**

● (TSA) Difficultés sociales, comportements répétitifs

Située profondément dans le cerveau, l'insula est impliquée dans la conscience corporelle et les émotions. Les anomalies dans cette région sont liées aux difficultés sociales et aux comportements répétitifs.

Les défis

Le matin, tout commence avec le réveil et rien que ça peut déjà être une bataille. Ouvrir les yeux et sentir la lumière qui agresse, les bruits de la maison qui semblent décuplés, chaque détail devient une épreuve. Certains mettent leurs lunettes de soleil dès le saut du lit, d'autres mettent de la musique douce dans les oreilles, histoire d'amortir un peu le choc du monde. Tout est bon pour adoucir ce premier contact avec la journée.

Les relations humaines sont un autre défi, peut-être le plus fatigant. Avant de voir des amis, de retrouver sa famille ou d'aller travailler, on se prépare mentalement comme pour un marathon. On répète des phrases, on essaie d'anticiper les réponses possibles mais une fois dans l'échange rien ne se passe jamais comme prévu. Les codes sociaux glissent entre les doigts et l'énergie s'épuise vite. Alors il faut se retirer, parfois pour quelques heures, parfois pour des jours entiers, juste pour retrouver un peu de souffle.

Le temps aussi échappe. Avec le TDA/H, une notification ou une pensée qui surgit suffisent à tout interrompre. On commence une tâche et on se retrouve vingt minutes plus tard à en faire une autre sans même s'en rendre compte. Les listes, les agendas, les petites méthodes comme travailler en sessions courtes peuvent aider mais au fond chacun bricole comme il peut. Certains trouvent un rythme, d'autres vivent dans un chaos organisé. Dans tous les cas, la concentration reste une ressource fragile.

Et puis il y a l'hypersensibilité. Aller faire les courses par exemple, peut devenir une véritable épreuve. On repousse, encore et encore, jusqu'à ce que les placards crient famine, parce que l'idée de se retrouver dans ce vacarme, entre les odeurs, la lumière trop vive et la foule, est tout simplement insupportable. Certaines enseignes proposent des créneaux adaptés, avec la musique coupée et les lumières baissées mais il reste toujours les gens, le brouhaha, la cohue. Alors on aménage son intérieur comme on peut, on tamise les lumières, on choisit des couleurs douces, on se crée un cocon. Et quand les émotions deviennent trop envahissantes, on s'accroche à des techniques simples, comme la respiration, pour traverser la vague sans se noyer.

Les forces

La vie quotidienne présente des défis constants mais aussi des opportunités de croissance personnelle. Chaque jour est une nouvelle occasion de mettre en pratique les stratégies développées et de renforcer la résilience

> La créativité

L'esprit fonctionne différemment, ce qui permet d'aborder les problèmes et les tâches d'une manière unique. Des idées originales et des solutions innovantes surgissent souvent, qui ne viennent pas à l'esprit des autres. Par exemple dans le domaine de la conception graphique, la capacité à voir des connexions visuelles et des motifs que d'autres pourraient manquer est un atout précieux. Même dans la vie quotidienne trouver des solutions ingénieuses aux problèmes courants devient une seconde nature.

› **Une pensée en dehors des sentiers battus**

Ne pas suivre les chemins logiques traditionnels peut être un avantage lorsqu'il s'agit d'innover. Remettre en question les normes établies et explorer des perspectives nouvelles sont des compétences précieuses. Dans un environnement professionnel, cette capacité peut se traduire par des stratégies de marketing originales ou des méthodes d'amélioration des processus. En remettant en question le statu-quo, des avancées significatives et des changements positifs peuvent être apportés.

› **Un «mode» hyperfocus intégré**

Lorsque quelque chose capte vraiment l'intérêt, il est possible de consacrer une attention intense et prolongée, parfois pendant des heures. Cette hyperfocalisation permet d'accomplir des tâches complexes avec une grande précision. Par exemple, lors de travaux passionnants, plonger profondément dans les détails permet de produire un travail de haute qualité. Cette capacité à se concentrer intensément est particulièrement utile dans les domaines qui nécessitent une attention minutieuse, comme la recherche ou l'analyse de données.

› **Une perception sensorielle aiguë**

Bien que la sensibilité sensorielle puisse être une difficulté, elle peut aussi être une force. La perception sensorielle aiguë permet de remarquer des détails subtils que d'autres peuvent ignorer. Dans le domaine artistique, cela se traduit par une capacité à apprécier et à créer des œuvres avec une attention particulière aux nuances et aux textures.

Dans les interactions sociales, cette sensibilité permet de percevoir les émotions et les intentions des autres avec une grande acuité. Bien que cela puisse être accablant, cela donne également un avantage pour comprendre et empathiser avec les gens autour de soi.

> L'adaptation et la résilience

C'est apprendre à adapter ses stratégies et à chercher des solutions créatives lorsque les méthodes conventionnelles échouent. Cette capacité d'adaptation permet de surmonter les obstacles professionnels et personnels avec détermination.

Malheureusement, dans le monde professionnel il est souvent constaté que les entreprises ne comprennent pas ces atouts uniques. Les environnements de travail traditionnels ne sont pas toujours adaptés aux besoins et ne valorisent pas suffisamment les compétences des personnes TDA/H et/ou TSA. Après de nombreuses tentatives infructueuses pour trouver un emploi qui respecte et utilise ces capacités, certaines personnes choisissent de travailler pour elles-mêmes. En tant qu'indépendants ils peuvent structurer leur travail selon leurs propres méthodes, ce qui leur permet d'exploiter pleinement leurs capacités créatives et analytiques sans les contraintes d'un cadre rigide. Cette indépendance permet de réaliser son potentiel et de créer un environnement de travail qui respecte et valorise la neurodiversité.

Les stratégies et les outils pratiques

Avoir un ensemble d'outils pratiques est indispensable pour vivre avec une neurodiversité. La gestion du temps, l'organisation, la relaxation et l'amélioration des compétences sociales sont les domaines qui nécessitent des stratégies spécifiques. En utilisant ces techniques, j'ai pu améliorer ma qualité de vie et gérer plus efficacement mon quotidien. Chaque personne est unique et il est important de trouver les stratégies qui fonctionnent le mieux pour soi.

La gestion du temps

La gestion du temps est souvent l'un des plus grands défis. Utiliser des plannings visuels peut être une aide précieuse. Mettez des codes couleurs dans vos agendas et calendriers pour structurer votre journée de manière claire et visuelle. Par exemple, utiliser le rouge pour les tâches urgentes, le bleu pour les rendez-vous et le vert pour les activités personnelles, ce qui permet d'avoir une vision d'ensemble de la journée et de prioriser les tâches de manière efficace.

Le découpage des tâches

Une stratégie efficace est de décomposer les grandes tâches en étapes plus petites de façon à les rendre plus gérables. Cela rend les objectifs moins intimidants et plus faciles à atteindre. Par exemple, au lieu de "nettoyer la maison", il peut être utile de diviser cette tâche en "nettoyer la cuisine", "passer l'aspirateur dans le salon", etc. Chaque sous-tâche accomplie procure un sentiment de progression et aide à rester motivé.

La gestion des alarmes et rappels

Les alarmes et rappels sur un téléphone ou un ordinateur sont indispensables. Ils aident à se souvenir des rendez-vous et des échéances et permettent de structurer le temps de manière efficace. Utiliser des applications spécifiques pour la gestion du temps pour vous aider à maintenir votre concentration et à éviter la procrastination.

Organisation de l'espace

En créant des espaces dédiés pour différentes activités vous réduirez la confusion. Par exemple, avoir un coin bureau pour le travail, une table pour les loisirs créatifs et un espace détente permet de se concentrer sur une tâche à la fois et d'éviter les distractions.

Utiliser des boîtes, des étagères et des classeurs pour garder les choses en ordre. Étiqueter tout permet de trouver rapidement ce dont on a besoin sans se perdre dans le désordre. Par exemple, avoir des boîtes étiquetées pour les fournitures de bureau, les outils de bricolage et les produits de nettoyage évite de perdre du temps à chercher des objets et réduit le stress lié à la désorganisation. Cependant, malheur à la personne qui ne rangera pas ses éléments à leur place.

Avoir de vraies routines

Chaque activité doit avoir son créneau horaire pour éviter les oublis et rester concentré. Réserver une heure le matin pour faire de l'exercice peut aider à démarrer la journée du bon pied. Ensuite, consacrer une heure à répondre aux emails et à planifier la journée avant de se plonger dans les tâches principales structure efficacement la journée.

Mettre en place des routines familiales pour les repas, le coucher et les activités de loisirs apporte une structure et une prévisibilité apaisantes. Par exemple, avoir une routine de dîner en famille tous les soirs, suivie d'une heure de détente ensemble avant le coucher, peut être bénéfique.

Détendez-vous !

Prendre quelques minutes chaque jour pour méditer ou pratiquer des exercices de respiration profonde aide à calmer l'esprit. Utiliser des applications de méditation guidée aide également à rester concentré. Par exemple, dans votre routine, commencer chaque journée par une séance de méditation de 10 minutes vous aidera à vous recentrer et à aborder la journée avec plus de calme et de clarté. En fin de journée consacrez une heure avant de vous coucher pour lire un livre, écouter de la musique apaisante ou un livre audio vous aidera à décompresser après une journée chargée et de fait, à mieux dormir.

De plus, pratiquer régulièrement des activités qui favorisent le bien-être émotionnel, comme le yoga et la méditation, permet de développer une meilleure conscience de soi et de gérer les émotions de manière plus efficace.

Passer du temps à l'extérieur, que ce soit une promenade dans un parc ou simplement s'asseoir au soleil, a également un effet apaisant et revitalisant. Par exemple, réserver du temps chaque week-end pour faire une randonnée ou une promenade dans la nature vous aidera à vous déconnecter du stress quotidien et à recharger ses batteries.

Travailler ses compétences sociales

Les compétences sociales restent un terrain glissant. On peut s'y préparer en répétant certains scénarios avec une personne de confiance ou avec un thérapeute. Les jeux de rôle ne transforment pas les échanges en dialogues parfaits mais ils aident à anticiper et à s'entraîner. Par exemple, refaire avec un ami une discussion délicate qu'on redoute ou répéter les réponses aux questions typiques d'une réunion de travail permet d'arriver plus sûr de soi et moins pris au dépourvu.

Exprimer clairement ses besoins spécifiques

Être honnête et clair sur ses besoins et limites aide à réduire les malentendus. Par exemple, il peut être utile de dire à ses collègues qu'on a besoin de pauses fréquentes pour rester concentré ou qu'on préfère les communications par écrit plutôt qu'à l'oral pour mieux comprendre les instructions.

Utiliser des techniques de gestion du temps

Pour m'y retrouver dans le chaos des tâches, j'ai testé plusieurs méthodes. La fameuse GTD, « Getting Things Done », repose sur un principe simple, tout noter, tout classer et ne garder dans sa tête que ce qui doit être fait maintenant.

Sur le papier c'est séduisant, dans la pratique, ça demande une rigueur militaire qui ne colle pas toujours avec un cerveau en mode feu d'artifice. Alors j'ai fini par l'adapter en gardant l'idée de vider ma tête dans un carnet ou une appli, sans chercher à respecter toutes les étapes au millimètre.

J'ai aussi expérimenté le time blocking, qui consiste à réserver des blocs horaires précis pour chaque tâche. Sur un agenda, ça ressemble à une partie de Tetris grandeur nature. Ça fonctionne bien quand il s'agit de projets professionnels mais pour la vie quotidienne, un imprévu et tout le système s'écroule.

Le bullet journal, lui, a été une révélation plus créative. C'est moins rigide, on mélange listes, notes et petits dessins. Ça me permet d'avoir une trace visuelle de ce que j'ai fait, ce qui donne un sentiment de progression. En revanche, il faut aimer passer un peu de temps à le mettre en forme, sinon ça devient vite un carnet abandonné de plus.

J'ai essayé quelques applications, par exemple Todoist, Notion, Trello... chacune a ses qualités. Todoist est parfait pour les listes rapides, Notion pour organiser des projets plus vastes, Trello pour visualiser les étapes. L'important, c'est de trouver un support qui ne devienne pas lui-même une source de stress. J'ai compris qu'il vaut mieux choisir une méthode imparfaite mais utilisée tous les jours, plutôt que de chercher l'outil parfait qu'on abandonne au bout d'une semaine.

Faire régulièrement des pauses

Prendre des pauses régulières pour éviter la fatigue mentale, par exemple la méthode Pomodoro est une idée toute simple inventée par un étudiant italien qui avait un minuteur de cuisine en forme de tomate. Le principe, c'est de découper le temps en petites tranches de travail de vingt-cinq minutes, suivies de cinq minutes de pause. Quatre sessions comme ça et on s'offre une vraie pause plus longue. Plutôt que de se dire « je dois écrire cent pages », on se dit « je bosse vingt-cinq minutes ». C'est plus digeste et parfois ça suffit à débloquer le démarrage. Cependant, avec un cerveau TDA/H, c'est rarement aussi linéaire. Le minuteur sonne et au lieu de s'arrêter, on est en plein hyperfocus et on ne veut surtout pas couper. Ou au contraire, on n'arrive pas à rester sur la tâche plus de cinq minutes sans partir vérifier son téléphone. Bref, le Pomodoro peut être un allié mais il faut l'apprivoiser. Certains remplacent les vingt-cinq minutes par quinze ou par quarante, selon ce qui colle le mieux à leur rythme. J'ai abandonné parce que je l'avais réglé sur 2 heures, puis trois, puis...

Mettre la technologie à son service

À la maison, gérer les courses, les rendez-vous médicaux, les devoirs des enfants et les lessives qui s'accumulent peut vite tourner au chaos. Certaines familles utilisent des applis partagées pour se simplifier la vie. Par exemple, Google Agenda permet de voir en un coup d'œil qui fait quoi et quand, chacun peut ajouter ses rendez-vous, et des rappels s'affichent automatiquement sur le téléphone. D'autres préfèrent Cozi, une application pensée pour la famille, où on peut lister les courses, partager les menus de la semaine et assigner les tâches ménagères à chacun. Il existe aussi des applis comme OurHome, qui transforment les corvées en système de points ou de récompenses, un peu comme un jeu, ce qui motive parfois plus les enfants... et même les adultes.

Ce genre d'outils évite les « mais je ne savais pas » ou « ce n'était pas mon tour ». Tout le monde a accès aux mêmes infos, ce qui réduit les disputes et soulage la charge mentale, surtout quand on est celle qui a toujours tout dans la tête.

Avoir des loisirs et les pratiquer

Se consacrer à des activités de loisirs qui passionnent et permettent de s'exprimer de manière créative comme par exemple, pratiquer régulièrement le dessin, la peinture ou l'écriture peut procurer une satisfaction personnelle et aider à gérer le stress. Pourquoi pas le coloriage pour adulte...

Apprendre à gérer les crises

Utiliser plusieurs techniques pour rester calme et équilibré peut être très utile. Par exemple, lorsque les émotions deviennent accablantes, pratiquer des exercices de respiration profonde pour se calmer est bénéfique. Inspirer lentement par le nez, retenir la respiration quelques secondes, puis expirer lentement par la bouche aide à réduire l'anxiété et à retrouver le calme.

Avec le temps, on finit par repérer les petits signaux qui annoncent qu'on est en train de déraper. Une agitation qui monte, une irritabilité sans raison, la sensation d'étouffer. Quand on apprend à reconnaître ces signes, on peut agir avant que la crise n'explose. Par exemple, si l'on commence à ressentir de l'irritabilité ou de la frustration, prendre un moment pour s'isoler et se recentrer peut être efficace. Utiliser des techniques de relaxation comme l'écoute de musique apaisante ou la marche en plein air aide à se calmer.

Vie sociale & relations

Ce chapitre explore comment ces troubles influencent les interactions sociales, les amitiés et les relations familiales. Il présente également des stratégies pour maintenir des relations saines et épanouissantes.

Les interactions sociales quotidiennes

Les interactions sociales quotidiennes sont souvent source de stress et de confusion. Le TDA/H peut entraîner des difficultés à rester concentré lors des conversations, à oublier des détails importants ou à interrompre les autres. Le TSA, quant à lui, peut rendre difficile la compréhension des nuances sociales et des signaux non verbaux. Ces défis combinés peuvent rendre les interactions sociales particulièrement délicates.

Pour atténuer ces difficultés, il est utile de se préparer mentalement avant les interactions sociales importantes. Prendre quelques minutes pour réfléchir aux sujets de conversation potentiels et aux questions que l'on pourrait poser aide à se sentir plus à l'aise et à mieux gérer les échanges. Même si cela se passe rarement (jamais) comme on l'avait scénarisé.

Les amitiés

Le TDA/H peut entraîner des comportements impulsifs ou oublieux, ce qui peut être mal interprété par les amis comme un manque d'intérêt ou de considération. Le TSA peut rendre les interactions sociales fatigantes et il peut être nécessaire de prendre du temps seul pour recharger les batteries après des rencontres sociales.

Pour entretenir des amitiés, il est utile de rester en contact régulièrement même si cela signifie envoyer un simple message pour prendre des nouvelles. Utiliser des rappels sur son téléphone pour se souvenir des anniversaires et des événements importants. De plus, il est important d'expliquer à ses amis ses besoins et ses limites, par exemple en leur faisant savoir que même si on a besoin de temps seul, cela ne signifie pas qu'on ne les apprécie pas.

Les relations familiales

Les malentendus et les frustrations peuvent s'accumuler lorsque les proches ne comprennent pas les comportements ou les besoins spécifiques. Il est important de communiquer ouvertement avec sa famille pour qu'ils puissent mieux comprendre la situation. Une communication claire et honnête permet de partager des informations sur les défis rencontrés et de discuter des stratégies pour mieux soutenir la personne concernée. Cette approche favorise l'empathie et la coopération, contribuant ainsi à des relations familiales plus harmonieuses.

Expliquer à sa famille comment le TDA/H et le TSA affectent la vie quotidienne. Par exemple, il peut être utile de parler des difficultés à rester concentré ou de la sensibilité aux bruits et aux lumières. Cette transparence aide à réduire les malentendus et à favoriser un environnement familial plus compréhensif et solidaire.

Pour maintenir des relations saines et épanouissantes, plusieurs stratégies peuvent être mises en place. Tout d'abord, pratiquer l'écoute active lors des conversations est important. Cela signifie faire un effort conscient pour écouter attentivement ce que l'autre personne dit sans l'interrompre et reformuler ses propos pour s'assurer de bien comprendre. Cette technique aide à éviter les malentendus et montre à l'autre personne que l'on est engagé dans la conversation.

Ensuite, fixer des limites claires pour protéger son bien-être comme par exemple, si l'on sait qu'une interaction sociale va être longue et fatigante, se donner la permission de partir plus tôt ou de prendre des pauses régulières pour se reposer. Il est également important d'informer ses proches de ces limites pour qu'ils puissent les respecter.

Il peut aussi être utile de planifier des activités sociales qui correspondent à ses intérêts et à ses capacités. Par exemple, organiser des sorties en petit groupe plutôt que de grandes fêtes, car les petits groupes sont moins accablants et permettent de mieux gérer les interactions. Les activités structurées, comme les jeux de société ou les ateliers créatifs, un peu cliché mais ils offrent un cadre rassurant et réduisent l'anxiété sociale.

Participer à des groupes de soutien en ligne et à des forums où il est possible d'échanger avec d'autres personnes qui partagent des expériences similaires offre un espace de compréhension et de conseils pratiques, ce qui aide à se sentir moins isolé. Mais aussi, travailler avec des professionnels, comme des thérapeutes ou des coachs spécialisés dans le TDA/H et le TSA, permet de développer des compétences sociales et des stratégies d'adaptation. Ces professionnels peuvent fournir des techniques spécifiques et un soutien personnalisé pour améliorer les interactions sociales.

Les relations amoureuses

La communication ouverte et honnête est la clé pour surmonter les défis dans ce domaine. Il est important d'exprimer ses besoins et ses sentiments à son partenaire et de l'encourager à faire de même. Par exemple, expliquer comment le TDA/H peut affecter la mémoire ou l'organisation et travailler ensemble pour trouver des solutions.

Établir des routines et des rituels qui renforcent la relation, comme des soirées hebdomadaires où l'on passe du temps de qualité ensemble est bénéfique. Ces moments dédiés permettent de se reconnecter et de renforcer le lien. De plus, utiliser des outils de communication, comme des applications de gestion du temps et des rappels, aide à mieux s'organiser et à éviter les frustrations.

Pour gérer les conflits de manière constructive, il est utile de rester calme et de prendre du recul avant de réagir. Par exemple, si une dispute éclate, prendre quelques minutes pour respirer profondément et réfléchir avant de répondre.

Mettre en place des stratégies pour résoudre les conflits de manière efficace comme discuter des solutions possibles et faire des compromis est également important. Ces techniques aident à trouver des solutions qui conviennent à tous et à renforcer la relation.

Les relations sociales et familiales peuvent être particulièrement complexes mais il est possible de les gérer de manière efficace et avec les bonnes stratégies, il est possible de maintenir des relations saines et épanouissantes.

Les aménagements scolaires et professionnels

› À l'école

L'école est souvent le premier lieu où les difficultés liées au TDA/H se révèlent. C'est logique, on y demande aux enfants de rester assis de longues heures, de suivre un rythme uniforme, de respecter des règles implicites qu'ils ne comprennent pas toujours et de maintenir une attention constante alors même que c'est précisément ce qui leur pose problème. Pour beaucoup de familles, c'est à l'école que la question du diagnostic s'impose, parce que les remarques d'enseignants reviennent sans cesse : « il ne fait pas d'efforts », « il est distrait », « il n'arrive pas à finir ses devoirs ». Ces phrases, qu'on entend encore trop souvent, traduisent en réalité un besoin d'adaptation, pas un manque de volonté.

Quand les difficultés deviennent trop lourdes et que l'enfant se retrouve en échec, certains parents se tournent vers l'instruction à domicile. C'est une option possible en France mais qui est désormais très encadrée. Depuis la réforme de 2022, il ne suffit plus de déclarer son choix, il faut obtenir une autorisation auprès de la DSDEN et celle-ci n'est accordée que pour certains motifs précis comme les problèmes de santé ou de handicap. Les familles doivent déposer un dossier, souvent accompagné de certificats médicaux ou de projets éducatifs détaillés et accepter des contrôles pédagogiques réguliers. L'instruction en famille permet de créer un environnement calme, à taille humaine, où l'enfant avance à son rythme et selon ses besoins mais elle demande un investissement énorme aux parents. Enseigner au quotidien n'a rien d'évident et le risque d'isolement est réel si l'on n'organise pas d'activités sociales à côté. Beaucoup de familles choisissent l'IEF de manière temporaire, le temps de souffler, puis reviennent vers une scolarisation classique avec un PPS mieux structuré.

Pour la majorité des enfants, le chemin passe plutôt par des aménagements au sein de l'école. Le cadre légal propose plusieurs outils, plus ou moins lourds administrativement. Le Projet Personnalisé de Scolarisation (PPS) est celui qui offre le plus de garanties, puisqu'il passe par la MDPH et permet d'obtenir des moyens concrets comme un accompagnant (AESH), du matériel adapté ou des aménagements d'examens. Il existe aussi le PAP (plan d'accompagnement personnalisé), qui s'adresse aux enfants avec des troubles des apprentissages, et le PAI (projet d'accueil individualisé) pour les problèmes de santé. Ces dispositifs peuvent paraître techniques mais dans les faits ils servent tous à la même chose, mettre noir sur blanc des ajustements précis et les rendre opposables pour que l'enfant puisse apprendre dans des conditions justes.

Les aménagements eux-mêmes sont variés. Cela peut être du temps supplémentaire aux évaluations, une place plus calme dans la salle, la possibilité de bouger davantage sans être sanctionné, l'autorisation d'utiliser un ordinateur ou une tablette, des consignes données à l'oral et à l'écrit ou encore des pauses régulières pour relâcher la pression. Rien n'est figé, ces mesures doivent évoluer avec l'enfant, être réévaluées chaque année et adaptées selon les enseignants et les situations.

Pour en arriver là, il faut passer par un diagnostic officiel. C'est le médecin, le pédopsychiatre ou le neuropsychologue qui établit le certificat médical nécessaire. Les familles montent ensuite un dossier pour la MDPH, souvent long et fastidieux mais qui permet d'obtenir un cadre reconnu et de sécuriser le parcours scolaire. Dans cette démarche, les observations des enseignants nourrissent le dossier et leurs retours sont précieux pour évaluer l'efficacité des aménagements.

Il faut aussi rappeler une réalité, même avec un dossier complet et un PPS validé, tout dépend encore beaucoup de la bonne volonté des équipes éducatives. Certaines écoles jouent le jeu, adaptent réellement et cela change la vie d'un enfant. D'autres traînent les pieds, minimisent les difficultés ou appliquent les mesures de manière symbolique. C'est là que les parents se retrouvent souvent à devoir rappeler la loi, insister, et parfois se battre pour faire respecter ce qui est écrit. Cela fait partie de la fatigue invisible que représente le TDA/H au quotidien, non seulement il faut soutenir son enfant mais il faut aussi affronter une administration lente et un système scolaire qui n'a pas encore totalement intégré la diversité des profils.

Point détaillé sur l'école à la maison

Instruction à domicile (IEF) en 2025 — le concret

Après la réforme, le nombre d'enfants instruits à domicile est passé d'environ 72 400 en 2021-2022 à 30 600 en 2024-2025 (≈ 0,3 % des enfants soumis à l'obligation scolaire).

> Ce que dit la loi aujourd'hui

Depuis la rentrée 2022, l'IEF n'est plus une simple déclaration mais une autorisation annuelle délivrée par la DSDEN. À la rentrée 2025, tout le monde est désormais passé sous ce régime à quatre motifs stricts :

1. Santé/handicap,
2. Sport ou art intensif,
3. Itinérance ou éloignement d'une école,
4. Ou situation propre à l'enfant avec projet éducatif solide.

La demande se fait entre le 1er mars et le 31 mai pour l'année suivante avec possibilité hors délai si le motif apparaît après le 31 mai. L'administration répond sous deux mois ; sans réponse, l'autorisation est considérée accordée. Elle est à renouveler chaque année.

Aucun diplôme n'est exigé... sauf si vous demandez l'IEF au motif n°4 « *situation propre à l'enfant motivant le projet éducatif* ». Dans ce cas, la personne qui instruit doit fournir une copie du baccalauréat ou équivalent et une déclaration sur l'honneur d'instruire majoritairement en français.

> Les contrôles

• Enquête de la mairie la première année puis tous les deux ans pour vérifier les conditions de vie et le motif.

• Contrôle pédagogique annuel par l'Éducation nationale, à partir du 3ᵉ mois, pour s'assurer que la progression permet d'atteindre le socle commun à 16 ans. Si le résultat est jugé insuffisant, un second contrôle est prévu. En cas de refus répété ou de progrès insuffisants, une mise en demeure de scolariser peut tomber avec sanctions si vous ne vous exécutez pas.

> Le dossier : ce qu'on vous demandera

Les pièces varient selon le motif mais vous pouvez vous attendre à fournir :

• pièces d'identité et justificatif de domicile,

• certificat médical récent pour le motif santé/handicap,

• attestation de pratique et emploi du temps pour le sport ou l'art intensif,

• justificatifs d'itinérance ou d'éloignement,

• pour le motif n°4 : projet éducatif détaillé (pédagogie, supports, organisation du temps, contribution éventuelle d'un organisme à distance), disponibilité de la personne qui instruit, copie du bac et déclaration sur l'honneur pour la langue.

> Et le CNED dans tout ça

Si vous avez l'autorisation d'IEF, elle vaut avis favorable pour une inscription CNED en classe complète réglementée, souvent gratuite et elle ouvre l'accès possible à l'ARS et aux bourses collège/lycée. Sans autorisation, il reste le CNED « libre », qui n'équivaut pas à l'IEF au regard des contrôles.

Dans la pratique, pour les familles TDA/H et TSA beaucoup de dossiers passent par le motif santé/handicap avec certificats de pédopsychiatre, psychiatre, neuropsychologue ou neuropédiatre. D'autres s'appuient sur le motif n°4 avec un projet éducatif sur-mesure et démonstration de la capacité à instruire. C'est utile quand l'école ne parvient pas à mettre en place des aménagements réellement efficaces malgré les dispositifs. Les critères restent stricts, plus le dossier est documenté et ancré dans le quotidien de l'enfant, mieux il est compris.

L'IEF peut apaiser quand l'école est devenue invivable. À la maison, on peut adapter le rythme, fractionner, alterner écrit et oral, utiliser des supports visuels, aménager les temps de pause. C'est aussi une charge de travail énorme pour le parent instructeur, avec un risque d'isolement si on ne soigne pas l'aspect social. Beaucoup de familles constatent que l'IEF fonctionne bien une année, le temps de stabiliser la situation, puis reviennent vers l'école avec un PPS/PAP plus solide ou basculent vers un CNED réglementé quand c'est ce qui convient le mieux. Ces trajectoires « hybrides » sont fréquentes et totalement légitimes.

Les étapes

1. Diagnostiquer et documenter la situation de l'enfant.
2. Choisir le motif le plus adapté et préparer les pièces correspondantes.
3. Déposer la demande à la DSDEN entre 1er mars et 31 mai. Hors délai possible si le motif naît après.
4. Attendre la décision (délai légal 2 mois). Silence = acceptation.
5. Se préparer au contrôle pédagogique du 3e mois, puis annuel.
6. Renouveler la demande chaque année.

Les ressources utiles

- Service-Public, la fiche la plus à jour sur la procédure, pièces, délais, contrôles.

- Éducation.gouv, rappel des motifs légaux.

- CNED : mode d'emploi IEF et inscriptions réglementées.

> **Au travail**

Au travail, les aménagements existent mais ne tombent pas du ciel. Le point d'entrée reste le médecin du travail. C'est lui qui, après avoir entendu la personne et examiné les contraintes de son poste, peut recommander des ajustements précis. Ce peut être un changement de bureau pour limiter les distractions, l'autorisation de prendre des pauses plus fréquentes, des horaires aménagés pour tenir compte des moments de la journée où la concentration est meilleure ou encore l'adaptation des réunions pour éviter les temps trop longs sans pause. Ces recommandations, une fois rédigées, doivent être transmises à l'employeur, qui a l'obligation de chercher des solutions raisonnables.

La RQTH (Reconnaissance de la Qualité de Travailleur Handicapé) obtenue via la MDPH n'est pas obligatoire mais facilite beaucoup les démarches. Elle ouvre droit à certains dispositifs financés par l'Agefiph (dans le privé) ou le FIPHFP (dans le public). Cela peut concerner l'achat de matériel adapté, des formations ou encore un soutien financier à l'entreprise pour compenser l'impact du handicap. Sans cette reconnaissance, les choses dépendent largement de la bonne volonté de l'employeur, ce qui rend le parcours très inégal d'une entreprise à l'autre.

En dehors de ces démarches officielles, la réalité est que beaucoup de personnes *«bricolent»* avec leurs propres moyens. Elles s'aident d'applications pour gérer leur temps, de rappels numériques pour ne rien oublier ou mettent en place des stratégies personnelles pour organiser leur journée. Ce n'est pas l'entreprise qui fournit ces outils mais bien la personne elle-même, souvent après un long chemin d'essais-erreurs.

Il arrive que des collègues ou un supérieur hiérarchique fassent preuve de compréhension et adaptent leur manière de travailler ensemble. Mais ce soutien informel reste dépendant des personnes en présence. Certaines équipes savent se montrer souples, d'autres pas du tout. Dans ce contexte, avoir un manager ouvert d'esprit ou un collègue patient peut changer énormément de choses mais ce n'est pas une garantie que l'on peut généraliser.

Point sur la RQTH et les démarches administratives

Lorsqu'une personne souhaite obtenir des aménagements durables dans son travail, la demande de RQTH devient incontournable. Sans elle, tout repose sur le médecin du travail et la bonne volonté de l'employeur. Avec elle, on bénéficie d'un cadre officiel qui ouvre l'accès à des aides, des financements et une certaine protection.

Concrètement, la demande de RQTH se fait auprès de la MDPH. Il faut remplir un dossier épais, appelé formulaire Cerfa 15692*01, auquel on joint un certificat médical détaillé (Cerfa 15695*01), rédigé par le médecin traitant ou un spécialiste. Dans ce certificat il est essentiel que le médecin explique en quoi le trouble impacte la vie professionnelle. Fatigue, difficultés de concentration, problèmes d'organisation, stress, etc. Plus c'est concret, plus le dossier a de chances d'être accepté.

Une fois le dossier envoyé, commence la phase la plus pénible, l'attente. Les délais varient énormément selon les départements. Dans certains, la réponse arrive en trois ou quatre mois. Dans d'autres, cela peut dépasser un an. Pendant ce temps, aucune aide n'est accordée, ce qui peut laisser les personnes dans une situation compliquée.

Quand la MDPH rend sa décision, deux cas de figure se présentent. Soit la RQTH est accordée, généralement pour une durée de un à cinq ans renouvelables. Soit elle est refusée, parfois faute d'arguments suffisants ou de compréhension du handicap invisible par l'équipe pluridisciplinaire. Dans ce cas, un recours est possible mais cela rallonge encore les délais.

Une fois la RQTH obtenue, l'entreprise peut solliciter l'Agefiph (secteur privé) ou le FIPHFP (secteur public) pour financer des aménagements.

Cela peut concerner :

• du matériel informatique ou organisationnel (logiciels de rappel, dictée vocale, casque anti-bruit),

• des adaptations du poste (bureau isolé, cloisonnement d'espace, télétravail partiel),

• une formation spécifique pour le salarié ou l'équipe afin de mieux comprendre le trouble en question,

• un accompagnement par un prestataire spécialisé, par exemple pour aider à structurer le travail ou gérer la fatigue cognitive.

Ces aides existent vraiment mais leur mise en place est rarement rapide. Elles nécessitent souvent des devis et encore une validation par l'organisme financeur. Beaucoup de personnes abandonnent en cours de route, faute d'énergie pour gérer cette montagne administrative.

Mais même sans RQTH, le médecin du travail peut, après avoir entendu la personne, recommander des adaptations directement à l'employeur. Ses préconisations ont un poids légal, l'employeur ne peut pas les ignorer, sauf à prouver qu'elles sont totalement incompatibles avec l'organisation du travail. Mais dans la réalité, l'efficacité de cette démarche dépend du dialogue entre le salarié, l'employeur et le médecin.

Le droit à l'AAH

L'Allocation aux Adultes Handicapés, plus connue sous le sigle AAH, est une prestation sociale versée par la CAF (ou la MSA pour les agriculteurs). Son but est de garantir un revenu minimum aux adultes qui, en raison de leur handicap, ne peuvent pas accéder ou se maintenir dans un emploi dans les mêmes conditions que les autres.

En 2025, son montant maximum est fixé à 1 033,32 euros par mois. Ce n'est pas une somme énorme mais pour beaucoup c'est une sécurité indispensable, surtout quand travailler à plein temps devient impossible ou trop coûteux en énergie. Depuis octobre 2023, il y a eu un vrai changement positif, les revenus du conjoint ne sont plus pris en compte dans le calcul. Concrètement, cela veut dire que le droit à l'AAH dépend uniquement des ressources de la personne concernée et non plus de son foyer. Des milliers de personnes, surtout des femmes vivant en couple ont ainsi pu récupérer ce droit qui leur avait été retiré à cause du salaire de leur conjoint.

Les conditions d'accès

Pour obtenir l'AAH, il faut en faire la demande auprès de la MDPH (Maison Départementale des Personnes Handicapées). C'est la commission appelée CDAPH (Commission des droits et de l'autonomie des personnes handicapées) qui prend la décision.

Deux grandes situations existent :

1. Un taux d'incapacité de 80 % ou plus.

Si le handicap est évalué à ce niveau, l'AAH est accordée de plein droit, sous réserve des conditions de ressources.

1. Un taux d'incapacité entre 50 % et 79 %.

Dans ce cas, il faut en plus prouver une Restriction Substantielle et Durable d'Accès à l'Emploi (RSDAE). Ce terme technique signifie en réalité que le handicap rend très compliqué l'accès à un emploi ordinaire ou le maintien dans cet emploi, même quand des aménagements raisonnables sont proposés.

Qu'est-ce que la RSDAE ?

La RSDAE est souvent mal comprise et encore plus mal expliquée. Pourtant, c'est un point central. Elle ne veut pas dire qu'on ne peut pas du tout travailler, ni qu'on est condamné à rester sans activité. Elle signifie que l'accès à un emploi « classique » est limité de façon importante et durable, au moins sur une période d'un an.

Dans les faits, cela recouvre des situations fréquentes chez les personnes TDA/H et TSA :

• des ruptures d'emploi répétées parce que la fatigue cognitive, les crises d'angoisse ou la désorganisation rendent le poste intenable ;

• des environnements de travail trop bruyants, trop lumineux ou trop changeants qui déclenchent surcharge sensorielle et effondrement énergétique ;

• des difficultés massives à gérer le temps, les priorités, l'organisation, qui persistent malgré l'utilisation d'outils et d'aides ;

• des besoins de pauses fréquentes, imprévisibles, ou de temps partiel thérapeutique qui empêchent de répondre aux exigences habituelles d'un poste à temps plein.

La commission de la MDPH examine donc si ces freins sont directement liés au handicap et si les aménagements possibles ne suffisent pas à compenser.

Et pour le TDA/H et le TSA, ça donne quoi ?

Dans les dossiers TDA/H et TSA, ce qui pèse souvent le plus, ce sont les éléments très concrets :

• des certificats médicaux qui décrivent la fatigabilité, la désorganisation chronique, l'anxiété sociale ou les troubles du sommeil ;

• des témoignages d'employeurs ou de collègues qui expliquent pourquoi un poste n'a pas pu être maintenu malgré les efforts ;

• des parcours professionnels hachés avec des périodes de chômage ou d'arrêt maladie répétés ;

• des exemples du quotidien qui montrent la difficulté à tenir un emploi régulier sans accompagnement spécifique.

Ces preuves quand elles sont bien formulées permettent à la MDPH de reconnaître la RSDAE.

L'AAH est attribuée selon la situation pour une durée de un à dix ans.Dans certains cas, elle peut être accordée à vie, notamment quand le handicap est reconnu comme définitif. Pour les personnes TDA/H ou TSA, cela dépend beaucoup du dossier, certaines obtiennent une durée longue (huit ou dix ans), d'autres doivent renouveler tous les deux ou trois ans.

Moi, j'ai obtenu la RQTH à vie, sans obligation de renouvellement. Sur le moment, ça a été un vrai soulagement parce que je n'avais plus cette épée de Damoclès au-dessus de la tête à devoir prouver tous les trois ans que je n'étais pas « guérie ». Comme si le TDA/H et le TSA disparaissaient avec un peu de bonne volonté. Celles et ceux qui ont déjà dû remplir ces dossiers savent combien c'est intrusif, lourd et parfois humiliant de devoir détailler chaque difficulté du quotidien.

Depuis peu, j'ai aussi obtenu l'ouverture d'un droit à l'AAH. Là encore, ça n'a pas été simple ni rapide. Le parcours est long, les papiers s'accumulent, les délais d'instruction s'éternisent et on a parfois l'impression que le dossier est tombé dans un trou noir administratif. On vous demande de prouver, de justifier, de raconter encore et encore les mêmes choses. Mais à force de persévérance, toute chose arrive à son terme. Quand la notification est enfin tombée, j'ai eu ce mélange de soulagement et d'amertume. Heureuse que mes difficultés soient enfin reconnues mais fatiguée d'avoir dû me battre autant pour une aide censée être là pour nous soutenir.

Les traits contradictoires
Vs complémentaires

Les traits contradictoires

Ces 2 troubles présentent plusieurs traits qui peuvent sembler contradictoires ou divergents lorsqu'ils coexistent chez une personne. Ces interactions montrent comment, dans certaines circonstances, les traits de ces deux troubles peuvent se compléter et permettre à une personne de fonctionner à un niveau exceptionnellement élevé.

> **Besoin de routine vs. Recherche de nouveauté**

- **TDA/H** : Recherche de nouveauté et d'excitation, souvent enclin à changer d'activités pour éviter l'ennui.

- **TSA** : Fort besoin de routines et de prévisibilité, difficulté avec les changements et les transitions.

> **Hyperactivité vs. Comportements répétitifs**

- **TDA/H** : Manifestation d'hyperactivité, difficulté à rester immobile, nécessité de mouvement constant.

- **TSA** : Engagements dans des mouvements stéréotypés ou répétitifs qui peuvent être plus structurés et auto-régulateurs.

> **Problèmes d'attention vs. Hyperfocus**

- **TDA/H** : Difficultés d'attention, difficulté à se concentrer sur des tâches pendant de longues périodes surtout si elles sont jugées ennuyeuses ou peu stimulantes.

- TSA : Capacité à l'hyperfocus, particulièrement sur des sujets d'intérêt spécifiques, parfois au détriment de la conscience générale de l'environnement.

Dans les deux cas, l'hyperfocus implique une immersion profonde et une intense concentration sur une tâche ou un sujet d'intérêt. Cela peut être bénéfique pour accomplir certaines tâches mais aussi problématique si cela empêche de s'occuper d'autres responsabilités ou d'interagir avec l'environnement. Mais chez les personnes avec TDA/H, l'hyperfocus est souvent sporadique et lié à des activités perçues comme très stimulantes, tandis que chez celles avec TSA, il est souvent plus systématique et centré sur des intérêts spécifiques de longue durée.

> **Gestion des interactions sociales**

- TDA/H : Tendance à être impulsif dans les interactions sociales, ce qui peut inclure l'interruption des autres ou le manque de reconnaissance des normes sociales.

- TSA : Difficultés avec les nuances des interactions sociales, souvent dues à des défis dans la compréhension des indices sociaux et émotionnels.

> **Réactivité sensorielle**

- TDA/H : Peut présenter une recherche sensorielle due à un besoin de stimulation.

- TSA : Peut manifester une hypersensibilité ou hyposensibilité aux stimuli sensoriels, nécessitant souvent des adaptations pour gérer la surcharge ou le manque sensoriel.

Ces contradictions peuvent rendre complexe la gestion des deux troubles lorsqu'ils coexistent, nécessitant des stratégies adaptatives spécifiques qui tiennent compte des besoins contradictoires dans des situations différentes.

Les traits complémentaires

Et pourtant la coexistence de ces 2 troubles dans la même personne, font d'elle un-e super héro-ine. La coexistence de certains de ces traits peuvent interagir de manière à renforcer les capacités de la personne. Voici quelques exemples de la manière dont ces traits peuvent se compléter et potentiellement offrir des avantages uniques :

> **Hyperfocus et intérêts spécifiques**

Avec le TDA/H, il existe cette capacité étonnante qu'on appelle l'hyperfocus. Elle apparaît quand une activité est perçue comme extrêmement intéressante ou engageante et soudain toute l'attention s'y fixe avec une intensité rare. Cela peut se produire devant un jeu vidéo, dans une activité créative comme le dessin ou la musique, face à un problème complexe ou à un défi intellectuel ou encore lors d'un projet passionnant. Même les activités nouvelles ou variées peuvent déclencher cet état qui transforme le rapport au temps et donne l'impression d'être totalement absorbé.

Avec le TSA, l'attention prend une forme différente : ce sont souvent les intérêts spécifiques qui deviennent centraux. Lorsqu'un domaine passionne, il peut être exploré avec une profondeur impressionnante, au point d'accumuler un savoir très détaillé et parfois pointu. Ces intérêts deviennent une source de motivation continue et structurante qui guide les apprentissages et peut donner lieu à une expertise remarquable.

Synergie : Quand une personne peut hyperfocaliser sur ses intérêts spécifiques cela peut mener à une expertise ou à des compétences exceptionnelles dans des domaines particuliers.

> **Créativité et approche non conventionnelle**

Avec le TDA/H, la pensée a tendance à partir dans toutes les directions. Les idées surgissent vite, parfois de façon inattendue et cette divergence ouvre la porte à une créativité spontanée. C'est ce qui permet d'imaginer des solutions originales ou d'inventer sur le moment sans forcément suivre les chemins habituels. Cette créativité peut sembler brouillonne mais elle est souvent très riche et pleine de surprises.

Avec le TSA, la créativité prend une autre couleur. Les perspectives sont différentes, parfois inattendues, presque en dehors du cadre que la majorité considère comme "normal". Cette façon de voir le monde apporte des angles uniques, des idées atypiques, qui peuvent transformer la compréhension d'un sujet ou l'approche d'un problème. C'est une richesse complémentaire parce qu'elle ajoute de la profondeur et de la singularité là où on n'aurait pas pensé regarder.

Synergie : Cette combinaison peut engendrer des solutions innovantes et créatives, différentes de la norme, souvent très appréciées dans des domaines comme la technologie, l'art et la science.

› **Persévérance et endurance**

Avec le TDA/H, il arrive qu'on puisse travailler avec une intensité incroyable, mais seulement quand la motivation est vraiment là. En général, ça se produit quand l'activité paraît passionnante et qu'on a envie de s'y plonger à fond. Avoir des buts précis aide aussi, parce que ça donne un cadre clair et ça évite de s'éparpiller. La tâche doit être assez stimulante pour donner envie mais pas au point de devenir décourageante. Ce qui fait toute la différence, c'est le plaisir qu'on ressent en avançant, cette satisfaction personnelle donne de l'énergie pour continuer. Et quand, en plus, il y a une récompense ou une reconnaissance, qu'il s'agisse d'éloges ou d'un simple merci, la motivation grimpe encore plus haut.

Avec le TSA, on observe souvent une capacité remarquable à persévérer lorsqu'une tâche touche un domaine d'intérêt particulier. Ce qui pour d'autres pourrait sembler monotone ou demander un effort constant devient dans ce cas une source de concentration intense et durable. L'attention se fixe presque naturellement sur l'activité sans qu'il soit nécessaire de forcer la volonté. Cette persévérance peut amener à approfondir un sujet avec une précision et une constance exceptionnelle, allant parfois beaucoup plus loin que ce qu'on attendrait d'une personne non concernée. Elle constitue à la fois une force, lorsqu'elle est mise au service d'un projet ou d'un apprentissage, et un défi lorsqu'elle conduit à s'enfermer dans une tâche au détriment du reste.

Synergie : La combinaison de ces traits peut permettre une productivité et une endurance remarquables lorsque engagées dans des projets passionnants.

› Sensibilité sensorielle et détail

Avec le TDA/H, il peut y avoir une sensibilité particulière à l'environnement. Tout semble arriver en même temps, les sons, les images, les mouvements, comme si le cerveau captait plusieurs détails à la fois. Cela peut donner l'impression d'être submergé mais c'est aussi ce qui permet de remarquer des choses que d'autres auraient totalement ignorées.

Avec le TSA, l'attention aux détails prend une autre forme. Quand un sujet ou un domaine suscite de l'intérêt, chaque petit élément devient important et peut être observé avec une précision étonnante. C'est cette capacité à zoomer très fort sur ce qui passionne qui permet d'aller beaucoup plus loin dans la compréhension ou la maîtrise de certains domaines.

Synergie : Cette acuité pour les détails peut être un atout dans des domaines nécessitant une grande précision comme l'analyse de données, l'art ou la programmation informatique.

› Adaptabilité et innovation

Avec le TDA/H, il y a souvent une grande facilité à rebondir rapidement d'une idée à l'autre ou à s'adapter à une situation qui change. La pensée va vite, elle explore des chemins inattendus, ce qui permet de trouver des solutions originales ou d'improviser avec naturel quand quelque chose ne se passe pas comme prévu. Cette rapidité peut sembler désordonnée de l'extérieur mais elle est aussi une vraie ressource quand il faut agir sans avoir tout planifié.

Avec le TSA, c'est presque l'inverse qui se met en place. L'attention se tourne vers la logique, la méthode, la structure. On cherche à comprendre les choses pas à pas, à suivre un système clair et cette approche méthodique donne de la solidité au travail. Là où le TDA/H peut briller dans la réactivité, le TSA apporte une rigueur qui permet de construire sur la durée et de garder une cohérence dans ce qui est entrepris.

Synergie : En combinant ces approches, une personne peut être très efficace dans des environnements dynamiques tout en étant capable de suivre des systèmes complexes.

Mise à jour du 6 mai 2025
TDA/H et TSA, un seul trouble ou origines communes ?

Le chapitre qui suit est plus technique que le reste du livre, c'est ma façon de compiler les choses comme dans une fiche. J'y ai rassemblé plusieurs recherches scientifiques récentes et je sais que la lecture peut sembler un peu dense si vous n'êtes pas habitué à ce genre d'études. Pourtant, le sujet mérite toute votre attention. Pendant longtemps, le TDA/H et l'autisme ont été présentés comme deux troubles bien distincts comme s'ils n'avaient rien à voir l'un avec l'autre. Aujourd'hui, de plus en plus de chercheurs remettent cette séparation en question et envisagent qu'il puisse s'agir, au moins en partie, de deux expressions différentes d'un même fonctionnement neurodéveloppemental. C'est pourquoi j'ai pris le temps d'explorer cette question en détail, en m'appuyant sur des données solides pour en faire une synthèse claire et structurée. Ce n'est pas le passage le plus léger du livre mais c'est sans doute l'un des plus essentiels si vous voulez comprendre en profondeur ce que vous vivez, ou ce que vivent vos proches, au-delà des simples étiquettes médicales.

***

Depuis la 5e édition du DSM (2013), leur comorbidité est officiellement reconnue avec des taux de chevauchement très élevés, jusqu'à 50–80 % des personnes avec autisme présentent des symptômes répondant aux critères du TDA/H.

Le TDA/H et le TSA représentent-ils des manifestations d'un même trouble sous-jacent ou partagent-ils au moins des origines communes ?

Depuis 2020, de nombreuses études génétiques, neurobiologiques et cliniques explorent cette hypothèse en comparant ces deux conditions. Nous présentons ci-dessous plusieurs travaux récents (en anglais et en français) issus de revues scientifiques reconnues, en résumant pour chacun la méthodologie, les principaux résultats, les conclusions et les implications pour la compréhension ou la classification du TDA/H et du TSA. Un tableau comparatif en fin de section synthétise les points saillants de ces études.

Continuité phénotypique entre TDA/H et TSA
L'hypothèse d'un continuum unique

> *Hours et al. (2022) – ASD and ADHD Comorbidity : What Are We Talking About? (Frontiers in Psychiatry)*

Méthodologie : Il s'agit d'un article de synthèse clinique et théorique analysant la notion de « comorbidité » TDA/H–TSA. Les auteurs examinent la sémiologie des deux troubles, les données épidémiologiques (variabilité des taux de co-diagnostic) et des études neuropsychologiques antérieures.

Ils discutent également d'études qui suggèrent l'existence d'un continuum entre le TDA/H et le TSA. C'est le cas des travaux de Van der Meer et de son équipe (2012), qui ont utilisé une méthode statistique appelée analyse en sous-groupes latents. Un « sous-groupe latent », c'est un groupe caché à l'intérieur d'une population, que l'on ne peut pas identifier à l'œil nu mais qui apparaît quand on étudie les données de manière fine. Par exemple, parmi des personnes diagnostiquées TDA/H ou TSA, certains profils se ressemblent tellement qu'ils forment un groupe particulier, mélangeant des traits des deux diagnostics. Ces résultats montrent que le TDA/H et le TSA ne sont pas toujours deux catégories totalement distinctes mais qu'il existe des zones de chevauchement où les symptômes se combinent.

Résultats et observations clés : De nombreux symptômes de TDA/H sont fréquents chez les enfants autistes, au point que certains travaux antérieurs ont proposé que le TSA et le TDA/H pourraient être « différentes manifestations d'un trouble global unique ». Par exemple, Van der Meer et al. ont constaté qu'on trouve des enfants avec un profil pur TDA/H sans traits autistiques mais pas d'enfants avec un profil pur autistique sans aucun trait de TDA/H.

Ceci suggère un continuum, le TDA/H représentant une forme atténuée sur le spectre autistique. Les deux troubles semblent partiellement partager des déficits neuropsychologiques sous-jacents similaires, en particulier des altérations de l'attention et de la régulation émotionnelle, ce qui renforce l'hypothèse d'un terrain neurobiologique commun.

Conclusions : Les auteurs proposent qu'une partie des symptômes d'attention, d'impulsivité et d'hyperactivité traditionnellement associés au TDA/H fasse en réalité intrinsèquement partie du spectre autistique. Ils suggèrent de « mieux prendre en compte les symptômes qui se recoupent avec le TDA/H dans la définition de l'autisme ».

Néanmoins, ils soulignent également certaines différences qualitatives importantes : par exemple, les enfants avec TSA peuvent faire preuve d'une attention très focalisée sur leurs centres d'intérêt (hyperfocus sélectif), ce qui est beaucoup plus rare dans le TDA/H. De même, les symptômes « noyau » de l'autisme (déficits sociaux, comportements restreints) sont rarement observés dans le TDA/H seul.

Implication : Sur le plan de la classification, cela plaide pour un modèle dimensionnel où TDA/H et TSA partagent un substrat commun (un facteur transdiagnostique d'attention / autorégulation), tout en conservant des spécificités cliniques. En pratique, cela invite les cliniciens à dépister systématiquement les symptômes de TDA/H chez les enfants autistes (et vice versa), ceux-ci pouvant faire partie intégrante du tableau autistique et influencer le fonctionnement global.

› *Crosbie et al. (2023) – ADHD and ASD : Shared or Unique Neurocognitive Profiles? (Journal of Autism & Developmental Disorders)*

Méthodologie : Cette étude a comparé directement les performances neurocognitives d'enfants et d'adolescents avec TDA/H, avec TSA, avec comorbidité TDA/H+TSA et des témoins typiques. Deux grands échantillons ont été examinés : un échantillon clinique (261 TSA, 423 TDA/H, 162 contrôles, âgés de 6 à 17 ans) et un échantillon communautaire beaucoup plus large (190 TSA, 926 TDA/H et ~14 842 contrôles).

Les auteurs ont administré divers tests neuropsychologiques mesurant notamment l'inhibition de la réponse (par ex. tâches de type go/no-go ou stop signal) et l'attention soutenue, en contrôlant statistiquement la comorbidité entre TDA/H et TSA pour isoler les profils propres à chaque diagnostic.

Résultats principaux : Le profil cognitif du TDA/H et celui du TSA se chevauchent largement sur certains déficits. En particulier, les deux groupes présentent un déficit marqué en inhibition de réponse ainsi qu'en attention soutenue, se traduisant par une plus grande variabilité dans le temps de réaction que les témoins.

Autrement dit, sur des tâches requérant de réagir de manière stable et inhiber les réponses inappropriées, les enfants avec TDA/H comme ceux avec TSA montrent des performances significativement altérées par rapport aux contrôles. Cependant, l'étude montre que ces altérations cognitives observées chez les enfants autistes sont largement expliquées par la présence de traits de TDA/H chez eux (diagnostiqués ou subcliniques). En contrôlant l'effet du TDA/H, le déficit d'inhibition et d'attention soutenue chez le groupe TSA diminuait fortement. Cela suggère que lorsqu'un enfant autiste présente des troubles cognitifs d'attention similaires au TDA/H, c'est généralement parce qu'il cumule effectivement des symptômes TDA/H.

Conclusions : Les auteurs concluent que le TDA/H et le TSA partagent un profil neurocognitif commun caractérisé par un déficit de l'inhibition de la réponse et de la vigilance soutenue. Cela soutient l'idée de mécanismes neurodéveloppementaux partagés (marqueurs "transdiagnostiques"). Par ailleurs, le fait que les troubles de l'attention chez les autistes soient principalement dus aux traits TDA/H comorbides indique que ces déficits cognitifs ne sont pas propres à l'autisme mais relèvent plutôt du TDA/H.

Implication : Sur le plan nosologique, ces résultats encouragent à dépister et traiter les symptômes d'inattention/impulsivité chez les enfants TSA, puisque ceux-ci affectent leurs fonctions cognitives et peuvent représenter une composante traitable (liée au TDA/H). De plus, en recherche, l'étude renforce l'importance de contrôler la comorbidité TDA/H dans les travaux sur la cognition de l'autisme afin de ne pas attribuer à tort à l'autisme des déficits qui relèvent en fait du TDA/H.

Origines communes
Les données génétiques récentes

› Baranova et al. (2022) – Shared genetics between ASD and ADHD, and association with extraversion (Psychiatry Research)

Méthodologie : Cette étude de génétique quantitative a exploré la parenté génétique entre le TSA, le TDA/H et un trait de personnalité (l'extraversion). Les auteurs ont utilisé les résultats résumés de vastes études d'association pangénomique (GWAS) déjà publiées pour ces trois phénotypes, et appliqué plusieurs analyses :

1. Régression de score de liaison déséquilibrée (LD score regression) pour estimer la corrélation génétique globale entre TDA/H, TSA et extraversion, et
2. Mendelian randomization bidirectionnelle pour tester d'éventuelles relations causales (au sens génétique) entre ces traits.

Enfin, ils ont réalisé une méta-analyse pangénomique croisant TDA/H et TSA afin d'identifier des loci génétiques pléïotropes (communs aux deux troubles).

Résultats clés : Les données révèlent une corrélation génétique positive significative entre le TDA/H et le TSA, indiquant que de nombreux variants génétiques augmentent conjointement le risque des deux troubles (corrélation dont la valeur exacte n'est pas indiquée dans le résumé mais d'autres sources la situent autour de $r \sim 0,20{-}0,40$). De plus, l'analyse en randomisation mendélienne suggère une influence causale bidirectionnelle, la susceptibilité génétique au TDA/H semble augmenter le risque d'autisme et vice versa (odds ratio génétique d'environ 1,35 pour l'effet du TDA/H sur le TSA, et 1,46 pour l'effet inverse).

En parallèle, l'extraversion génétique apparaît corrélée positivement au TDA/H mais négativement au TSA et aurait un effet causal sur le risque de TDA/H uniquement – ce résultat sur la personnalité illustre comment les deux troubles, bien que liés, gardent des profils opposés sur certains traits (l'extraversion pouvant protéger contre certains aspects de l'autisme tout en prédisposant au TDA/H).

Surtout, la méta-analyse croisée a mis en évidence trois loci génétiques nouveaux partagés entre le TDA/H et le TSA, impliquant notamment deux gènes candidats nommés LINC00461 et KIZ, qui seraient pléïotropes pour les deux conditions.

Conclusions : Cette étude génomique fournit des preuves solides d'un socle génétique commun contribuant au TDA/H et au TSA. Les auteurs parlent de « nouvelles perspectives sur la génétique partagée du TDA/H et du TSA ». Les variants identifiés suggèrent des voies moléculaires communes encore à explorer.

Implications : Sur le plan étiologique, cela renforce l'hypothèse d'une origine partagée pour une partie des cas de TDA/H et de TSA – possiblement un sous-type neurodéveloppemental influencé par des gènes spécifiques. Ces résultats appuient l'idée de rechercher des biomarqueurs transdiagnostiques. Par exemple, cibler les gènes ou mécanismes biologiques (comme KDM6B, LINC00461, etc.) qui, lorsqu'altérés, confèrent un risque accru aux deux troubles. En pratique, une meilleure compréhension de ces facteurs partagés pourrait conduire à des traitements qui agissent sur les symptômes communs du TDA/H/TSA, quelle que soit l'étiquette diagnostique.

> *Zhou et al. (2023) – Common genetic risk factors in ASD and ADHD co-occurring families (Human Genetics)*

Méthodologie : Cette recherche a examiné le profil génétique de familles où coexistent autisme et TDA/H, dans le cadre de la "New Jersey Language and Autism Genetics Study (NJLAGS)".

Plus de 100 familles avec au moins un membre autiste ont été recrutées et il a été observé qu'un grand nombre de ces familles présentaient également des cas de TDA/H. Les chercheurs ont d'abord effectué une étude de liaison génétique traditionnelle sur ces familles (analyse de co-ségrégation de marqueurs génétiques avec le phénotype TDA/H), identifiant deux régions chromosomiques d'intérêt (sur les chromosomes 12 et 17) associées au TDA/H dans ce contexte. Ensuite, ils ont séquencé le génome entier (WGS) de 272 individus issus de 73 de ces familles afin de repérer des variants génétiques spécifiques pouvant expliquer la co-occurrence du TSA et du TDA/H.

Un algorithme de priorisation de gènes en contexte de pedigree a été utilisé pour mettre en avant les gènes candidats les plus plausibles dans les régions liées. Des analyses d'enrichissement fonctionnel et de réseaux protéiques ont également été menées pour comprendre les voies biologiques impliquées.

Résultats principaux : Dans les régions génomiques mises en évidence par l'étude de liaison, les chercheurs ont identifié 36 gènes potentiellement associés au TDA/H familial. Parmi eux, un gène se démarque, le KDM6B, qui code une enzyme de régulation épigénétique (déméthylase des histones).

KDM6B est apparu comme le gène le plus fortement associé et il était déjà connu comme facteur de risque pour des troubles neurodéveloppementaux, y compris l'autisme et le TDA/H. À l'échelle pangénomique, l'analyse a révélé 207 gènes candidats portant des variants (soit de petite taille, soit des variations structurelles) partagés par les personnes atteintes.

De nombreux gènes identifiés étaient déjà liés à l'un ou l'autre trouble (confirmant des connaissances antérieures) mais d'autres sont des gènes nouveaux suggérant des mécanismes inédits de vulnérabilité commune. L'analyse des réseaux et de l'ontologie génique indique que ces gènes convergent vers des mêmes voies moléculaires impliquées dans le neurodéveloppement, ce qui signifie que les mutations dans ces gènes pourraient perturber des processus biologiques communs menant aussi bien au TSA qu'au TDA/H.

Conclusions : Ce travail souligne qu'il existe des facteurs génétiques partagés dans les familles où autisme et TDA/H coexistent et propose une liste de gènes candidats à investiguer.

La découverte de KDM6B comme gène majeur est notable car elle suggère qu'une altération de la régulation de l'expression génique (via les mécanismes épigénétiques dépendants de KDM6B) pourrait constituer une origine commune contribuant aux deux troubles dans ces familles.

Implications : D'un point de vue de recherche, ces résultats encouragent à approfondir l'étude de KDM6B et des autres gènes partagés pour comprendre comment un même variant peut conduire à des manifestations cliniques variées (TSA, TDA/H ou les deux). Sur le plan clinique, cela pourrait à terme permettre d'identifier des sous-groupes génétiques de patients présentant un « double phénotype » TDA/H+TSA, et d'envisager des approches thérapeutiques ciblant la cause commune (par exemple, moduler les voies épigénétiques anormales).

Chevauchements et distinctions neurobiologiques (imagerie cérébrale)

> *Tamon et al. (2024) – Shared and Specific Neural Correlates of ADHD and ASD : Meta-Analysis of 243 fMRI Studies (American Journal of Psychiatry)*

Méthodologie : Cette méta-analyse de grande envergure a compilé les résultats de 243 études en IRM fonctionnelle (IRMf) publiées sur le TDA/H et/ou le TSA. L'objectif était d'identifier les convergences et divergences dans les corrélats neuronaux (activation de régions cérébrales lors de tâches) entre les deux troubles.

Pour éviter les biais liés aux tâches spécifiques (chaque étude utilisait souvent un paradigme ciblant soit le TDA/H soit le TSA), les auteurs ont rassemblé un large éventail de tâches neuropsychologiques couvrant le contrôle cognitif (ex : tâches go/no-go, n-back), les processus sociaux, la récompense, l'attention, etc.. Au total, les données agrégées portaient sur ≈3 084 participants TDA/H, 2 654 participants TSA et 6 795 témoins, issus des différentes études. Une méta-analyse d'activation voxel par voxel (méthodes d'imagerie statistiques : ALE ou autres) a été réalisée pour comparer TDA/H vs témoins, TSA vs témoins, puis dégager les régions communes aux deux comparaisons ou spécifiques à l'une ou l'autre condition.

Résultats – Activations cérébrales communes : La méta-analyse a révélé un ensemble de anomalies d'activation partagées par le TDA/H et le TSA par rapport aux sujets neurotypiques. Notamment, les deux groupes présentent une hyperactivation (activation plus forte que la normale) dans certaines régions occipito-temporales droites telles que le gyrus lingual droit et le gyrus rectus et à l'inverse une hypoactivation (moindre activation) dans des régions fronto-temporales gauches comme le gyrus frontal moyen gauche et le gyrus temporal supérieur gauche.

Ces convergences suggèrent que certains circuits neuronaux – possiblement impliqués dans la régulation attentionnelle, la perception visuelle ou l'intégration visuo-spatiale – sont altérés de façon transdiagnostique dans les deux troubles. Cela concorde avec l'idée que le TDA/H et le TSA partagent des symptômes cognitifs (inattention, variabilité de réponse) ayant des bases neurofonctionnelles communes.

Résultats – Profil spécifique au TSA : Malgré ces similitudes, les patterns d'activation du cerveau des personnes autistes conservent des particularités marquées. Chez les participants TSA, on observe davantage d'activation que la normale dans des régions telles que le gyrus temporal moyen gauche, le lobule pariétal inférieur, l'hippocampe droit ou le putamen gauche, combiné à une moindre activation dans d'autres régions (gyrus frontal moyen gauche, gyrus temporal moyen droit, amygdale gauche, hippocampe droit). Beaucoup de ces régions sont liées aux processus sociaux, à la flexibilité cognitive et à la gestion des émotions.

Par exemple, l'amygdale et l'hippocampe sont impliqués dans le traitement socio-émotionnel et la mémoire, le profil d'hypoactivation de l'amygdale chez le TSA pourrait refléter les difficultés dans la reconnaissance des émotions sociales, tandis que l'hyperactivation du putamen et de certaines aires sensori-motrices peut être liée aux comportements répétitifs et intérêts restreints (engagement intensif de circuits de routine/habitude). Ces différences d'activation suggèrent que l'autisme possède des dysfonctions neuronales spécifiques que l'on ne retrouve pas dans le TDA/H (notamment dans le réseau socio-émotionnel).

Résultats – Profil spécifique au TDA/H : De même, le TDA/H présente des altérations d'activation distinctives. Les sujets avec TDA/H montrent une hyperactivation relative dans l'insula droite, le cortex cingulaire postérieur, l'amygdale droite et le putamen et au contraire une hypoactivation dans le gyrus temporal moyen droit, le gyrus frontal inférieur gauche, le globus pallidus droit et le thalamus gauche. Ces régions sont pour beaucoup impliquées dans l'attention, l'inhibition et le système de récompense. Par exemple, l'insula et le cingulaire postérieur font partie des réseaux attentionnels et saillance, souvent hyperactivés en TDA/H peut-être par effort accru pour se concentrer ou en lien avec l'état d'alerte interne.

L'hypoactivation du globus pallidus et du thalamus rejoint les nombreuses données sur le TDA/H pointant un dysfonctionnement des circuits cortico-striataux de l'inhibition motrice et de la motivation. Ainsi, malgré le chevauchement partiel, le TDA/H se distingue par des anomalies dans les aires sous-tendant la dysrégulation attentionnelle et le traitement de la récompense, moins flagrantes dans l'autisme.

Conclusions : Cette méta-analyse, la plus large à ce jour sur l'imagerie TDA/H/TSA, démontre que « les profils neuronaux sont à la fois partagés et spécifiques ». Il existe bien des corrélats neurofonctionnels communs aux deux troubles (signe d'une base neurobiologique partagée pour certains symptômes chevauchants), mais chacun garde un profil unique d'activation cérébrale pour d'autres domaines cognitifs.

Implications : Les auteurs (et un éditorial associé) soulignent la nécessité d'études IRMf futures où des individus TDA/H et TSA réalisent exactement les mêmes tâches, afin de mieux isoler ces similarités et différences.

Pour la classification, ces résultats vont dans le sens d'une approche « ni totalement fusionnée, ni totalement distincte » : TDA/H et TSA ne sont pas un seul et même trouble du point de vue cérébral mais ils partagent un sous-ensemble de dysfonctionnements neuraux. Cela milite pour des modèles diagnostiques en réseaux ou en spectre, où certaines altérations neurales transversales expliquent la comorbidité, tandis que d'autres circuits déterminent la spécificité de chaque diagnostic. En pratique clinique, cela rappelle que cumuler un TSA et un TDA/H peut conduire à des difficultés accrues (du fait de la sommation des anomalies neurales) ; ainsi, le dépistage et la prise en charge des deux aspects sont essentiels, puisque la présence conjointe de symptômes peut exacerber les déficiences fonctionnelles.

Perspectives sur la classification et la compréhension des troubles

D'un côté, les données génétiques et cognitives renforcent l'hypothèse d'un continuum neurodéveloppemental, on a pu parler d'un « spectre élargi de la neurodiversité » englobant TDA/H et autisme, où ces diagnostics actuels ne seraient que des phénotypes extrêmes ou des variantes phénotypiques d'un même ensemble de facteurs de risque. Cette vision transdiagnostique est encouragée par le mouvement de la neurodiversité, qui considère le TDA/H et le TSA comme des variations naturelles de développement cérébral plus que comme des catégories pathologiques totalement distinctes.

D'un autre côté, les travaux récents n'effacent pas les frontières cliniques entre TDA/H et TSA. Ils suggèrent plutôt un modèle à deux composantes :

1. un socle commun (facteurs génétiques pléïotropes, altérations neurocognitives de l'attention et de l'inhibition, certaines anomalies cérébrales partagées) expliquant pourquoi les deux diagnostics co-occurrent si fréquemment

(2) des facteurs spécifiques (génétiques ou environnementaux propres, circuits neuronaux distincts pour la socialisation ou la récompense) expliquant pourquoi un sous-groupe d'enfants développe un autisme franc alors qu'un autre développe un TDA/H « pur ».

Autrement dit, TSA et TDA/H pourraient représenter les branches d'un même arbre étiologique, partageant le tronc commun mais divergeant sur certaines branches. Pour la classification future, ces résultats invitent les cliniciens et chercheurs à dépasser une dichotomie rigide. Il pourrait être pertinent d'envisager un système de diagnostic dimensionnel où chaque individu est évalué sur plusieurs axes (sociabilité/communication, attention/impulsivité, flexibilité cognitive, etc.), plutôt que d'être enfermé dans une seule catégorie. Dans cette optique, certains préconisent de revoir les critères diagnostiques de l'autisme pour y inclure explicitement les troubles de l'attention lorsqu'ils sont présents afin de mieux refléter la réalité clinique.

De même, en recherche, l'identification de biomarqueurs transdiagnostiques (par exemple, une anomalie d'EEG ou un profil d'activation IRMf commun aux deux troubles) pourrait aider à comprendre la "structure latente" unissant TDA/H et TSA. En somme, les découvertes récentes suggèrent que s'il est excessif de dire que TDA/H et TSA ne font qu'un, ils ne sont certainement pas totalement indépendants. Cette zone grise entre les deux pourrait représenter un sous-type neurodéveloppemental mixte parfois nommé officieusement « AuDHD » (contraction d'autisme + ADHD) par les cliniciens. Mieux caractériser ce chevauchement pourrait améliorer la prise en charge : par exemple, certaines thérapies cognitivo-comportementales ou aménagements pédagogiques profitent autant aux symptômes d'autisme qu'à ceux du TDA/H. De plus, la reconnaissance d'une origine partagée pourrait permettre de regrouper les efforts de recherche sur ces deux troubles, accélérant la découverte de traitements innovants qui ciblent les mécanismes communs (tels que la régulation de l'excitabilité neuronale, les réseaux d'attention, etc.). Les implications sont donc à la fois théoriques (repenser la nosologie) et pratiques (approche clinique plus intégrative).

En résumé, ces études récentes mettent en évidence un noyau commun au TDA/H et au TSA (sur les plans génétique, cognitif et même neuroanatomique) qui justifie de rapprocher ces deux diagnostics dans une perspective transversale. Toutefois, chacune des deux conditions garde des caractéristiques propres, ce qui signifie qu'elles ne sauraient être entièrement confondues en un seul trouble. Les implications combinées de ces travaux invitent à un modèle hybride, le TDA/H et le TSA appartiennent à un même spectre neurodéveloppemental, partageant des facteurs d'origine communs, mais se différenciant par l'expression de certains traits spécifiques. Cette compréhension plus nuancée ouvre la voie à des stratégies diagnostiques et thérapeutiques plus intégratives, centrées sur les besoins réels des individus au-delà des étiquettes nosologiques.

Sources : Les références originales des études résumées ci-dessus incluent des articles évalués par les pairs disponibles via PubMed, ScienceDirect ou les plateformes des revues, par exemple, Hours et al., 2022 (Frontiers in Psychiatry) ; Crosbie et al., 2023 (J. Autism Dev Disord); Baranova et al., 2022 (Psychiatry Res) ; Zhou et al., 2023 (Human Genetics) ; et Tamon et al., 2024 (Am. J. Psychiatry), entre autres. Toutes soulignent à leur manière la nécessité de repenser l'articulation entre TDA/H et TSA à la lumière des données scientifiques récentes.

Les outils pratiques en détail

Ci-dessous revenons sur quelques outils pratiques qui peuvent être extrêmement utiles dans votre vie quotidienne et allons plus en profondeur.

Les outils de gestion du temps

Utiliser des planificateurs, qu'ils soient papier ou numériques, est une stratégie très efficace pour structurer vos journées. Les agendas comme le Passion Planner ou le Bullet Journal offrent des formats visuels et personnalisables qui aident à visualiser les tâches à accomplir et à les prioriser. Ces outils permettent de suivre vos objectifs à court et à long terme tout en offrant la satisfaction de voir vos progrès au fil du temps.

Pour la gestion de projets plus complexes, des plateformes numériques comme Trello ou Asana sont particulièrement utiles. Trello utilise un système de tableaux, de listes et de cartes qui permet de suivre l'avancement des tâches de manière claire et collaborative. Asana, de son côté, propose des fonctionnalités avancées pour planifier, organiser et suivre les projets, avec des options de visualisation sous forme de liste, de calendrier ou de chronologie. Ces outils sont idéaux pour une gestion personnelle mais aussi pour une gestion familiale et/ou pour gérer plusieurs projets simultanément.

MindNode est un autre outil précieux, surtout pour ceux qui ont besoin de structurer visuellement leurs pensées et leurs tâches. Ce logiciel de mind mapping permet de créer des cartes mentales, facilitant ainsi l'organisation des idées et la planification des projets.

Les utilisateurs peuvent facilement ajouter, déplacer et relier des concepts, ce qui est particulièrement bénéfique pour les personnes ayant un TDA/H, qui peuvent avoir du mal à organiser leurs pensées de manière linéaire.

Pour encourager la concentration et minimiser les distractions, des applications comme Forest peuvent être extrêmement efficaces. Forest aide à rester concentré en «gamifiant» le processus, chaque fois que vous évitez d'utiliser votre téléphone, vous faites pousser un arbre virtuel. Si vous quittez l'application pour utiliser votre téléphone de manière distractive, l'arbre meurt. Cette approche ludique incite à rester concentré et à développer de meilleures habitudes de travail.

En combinant ces outils et techniques, vous pouvez créer un environnement de travail structuré et stimulant, réduisant les distractions et augmentant la productivité. Que vous préfériez les méthodes traditionnelles sur papier ou les solutions numériques avancées, il existe des options pour vous aider à organiser votre temps et à accomplir vos tâches de manière plus efficace.

Adaptations de votre espace de vie ou de travail

Pour les tâches nécessitant une concentration élevée, l'utilisation d'écouteurs à réduction de bruit peut être particulièrement bénéfique. Ces écouteurs aident à bloquer les distractions auditives et créent une bulle de calme, favorisant ainsi une meilleure concentration. En complément, il est également recommandé de créer un espace de travail dédié où règne le calme. Cet espace, exempt de distractions extérieures, devient un sanctuaire de productivité où l'on peut se consacrer pleinement aux tâches importantes.

Maintenir un espace de travail ordonné est essentiel pour une productivité optimale. Utiliser des bacs et des organisateurs de bureau permet de garder les fournitures, les documents et les autres éléments essentiels bien rangés et facilement accessibles. Un bureau désencombré aide à réduire le stress et à améliorer l'efficacité en minimisant le temps perdu à chercher des objets. Les organisateurs de bureau, avec leurs compartiments spécifiques, peuvent également faciliter la catégorisation des tâches et des projets en cours.

Pour visualiser les tâches et les objectifs, les tableaux blancs et les tableaux d'affichage sont des outils très utiles. Un tableau blanc placé dans votre espace de travail permet d'écrire rapidement des idées, de planifier des tâches et de suivre l'avancement des projets. Les tableaux d'affichage, quant à eux, peuvent être utilisés pour épingler des notes, des calendriers, et des listes de tâches. Ces visualisations aident à rester concentré sur les objectifs à long terme tout en gardant une vue d'ensemble des priorités quotidiennes.

Un bon éclairage, de préférence naturel, réduit la fatigue oculaire et améliore la concentration. En l'absence de lumière naturelle suffisante, des lampes de bureau avec une lumière blanche et froide peuvent être utilisées pour simuler la lumière du jour. En ce qui concerne le mobilier, une chaise ergonomique et un bureau à la bonne hauteur permettent de minimiser la fatigue physique et les douleurs musculo-squelettiques. Une posture correcte et un environnement confortable favorisent la concentration et augmentent la durée pendant laquelle on peut travailler efficacement sans inconfort.

En résumé, créer un environnement de travail optimal nécessite une attention particulière aux détails qui peuvent influencer la concentration et la productivité. Les écouteurs à réduction de bruit et un espace dédié au calme éliminent les distractions auditives. Les bacs et organisateurs de bureau maintiennent un espace ordonné, tandis que les tableaux blancs et d'affichage aident à visualiser les tâches et les objectifs. Enfin, un éclairage adéquat et un mobilier ergonomique garantissent un confort physique et visuel, essentiel pour une efficacité maximale. En combinant ces éléments, vous pouvez transformer votre espace de travail en un lieu propice à la concentration et à la réalisation de vos objectifs professionnels.

Les ressources d'apprentissage et de soutien

Livres pour le TDA/H

"100 idées pour mieux gérer les troubles de l'attention" par Francine Lussier. Ce livre offre des conseils pratiques et accessibles pour les adultes souffrant de TDA/H, idéal pour ceux qui recherchent des stratégies quotidiennes pour améliorer leur gestion des troubles de l'attention.

"La Fabrique à Kifs" par Audrey Akoun et Isabelle Pailleau. Bien que pas exclusivement axé sur le TDA/H, ce livre utilise la psychologie positive pour aider les lecteurs à gérer le stress et améliorer leur bien-être, ce qui peut être particulièrement bénéfique pour ceux affectés par le TDA/H.

"Troubles de l'attention avec ou sans hyperactivité (TDA/H) Concrètement, que faire ?" par Laura Nannini et Anne Gramond. Ce livre offre une vue

d'ensemble du TDA/H avec des explications claires sur les symptômes, les défis et les stratégies d'adaptation.

*"**Les chemins de la concentration**"* par Harriet Griffey. Cet ouvrage propose des méthodes pour améliorer la concentration, un défi commun pour les personnes avec un TDA/H. Il donne des outils pratiques pour renforcer l'attention au quotidien.

Livre pour le TSA

*"**Autiste Asperger à 50 ans**"* par Sylvie Seksek. Ce livre offre un témoignage personnel et approfondi sur la vie quotidienne et les défis rencontrés par une personne Asperger diagnostiquée à l'âge adulte.

*"**Mieux comprendre mon Trouble du Spectre de l'Autisme (TSA)**"* par Ela Miniarikova, Florine Dellapiazza, Gabriela Fabryova, Flore Couty. Ce guide fournit des explications claires et accessibles pour aider les adultes avec un TSA à mieux comprendre leur condition et à développer des stratégies pour naviguer dans la vie quotidienne.

*"**Autisme, Le passage à l'âge adulte**"* par René Pry, Éric Pernon. Ce livre aborde les transitions importantes et les adaptations nécessaires pour les jeunes adultes autistes, en fournissant des conseils pratiques pour faciliter le passage à l'âge adulte.

Et bien sûr *"**Le Syndrome d'Asperger Guide Complet**"* par Tony Attwood. Un ouvrage de référence pour toute personne intéressée par le syndrome d'Asperger, offrant une analyse détaillée des aspects cliniques, des stratégies d'adaptation et du soutien disponible.

Conclusion

Écrire ce livre m'a demandé de replonger dans mes expériences, mes recherches, mes galères et mes petites victoires. Je n'ai pas la prétention d'avoir trouvé la vérité et je n'ai rien à vendre, je partage simplement ce que j'ai compris du TDA/H et de l'autisme, à travers ma vie et en m'appuyant sur des travaux scientifiques solides. Si vous avez lu jusqu'ici, c'est probablement parce que vous cherchez des réponses, un miroir dans lequel vous reconnaître ou un chemin pour avancer. J'espère que vous avez trouvé au moins une clé, une idée, une explication qui rend les choses un peu plus claires.

On parle souvent de nos vies comme d'un puzzle incomplet. Pour ma part, j'ai mis des années à comprendre que les pièces étaient juste mélangées. Le diagnostic n'a pas tout résolu, il n'a pas supprimé les difficultés non plus, mais il m'a donné une carte. Et même si la carte est parfois froissée, mal imprimée ou pleine de zones blanches, elle me permet de mieux choisir mes directions (et même d'envoyer bouler ce qui ne me convient pas).

Ce livre n'est pas une fin, c'est une étape. Après l'avoir refermé, il reste la vie, la vôtre avec ses obstacles mais aussi ses forces. Prenez ce qui vous aide, laissez le reste. Et si un jour vous doutez encore – car oui, il y aura toujours des jours de doute – souvenez-vous que vous n'êtes pas seul. D'autres avant vous ont cherché, trébuché, recommencé. Et chacun à sa manière a fini par trouver un chemin vivable parfois même joyeux.

Je ne vis pas dans un monde parfait au milieu de licornes, je vis dans le mien. Avec mes stratégies parfois un peu bancales, mes moments de fatigue, mes idées folles, mes éclats de rire aussi. Et si j'ai écrit ces pages, c'est pour dire qu'il est possible de vivre en accord avec ce que l'on est.

Alors continuez, explorez, informez-vous et défendez vos besoins. Et surtout, ne laissez personne vous dire que vous valez moins parce que vous pensez différemment.

www.ingramcontent.com/pod-product-compliance
Lightning Source LLC
Chambersburg PA
CBHW070833160726

48004CB00001B/357